KB203536

전도의 정신

믿음이란 한 알의 밀알이 땅에 떨어져 죽음으로
많은 열매를 맺음과 같이 진리의 열매를 위하여
스스로 죽는 것을 뜻합니다. 눈으로 볼 수 없으나
영원히 살아 있는 진리와 목숨을 맞바꾸는 자들을
우리는 믿는 이라고 부릅니다.
〈믿음의 글들〉은 평생, 혹은 가장 귀한 순간에
진리를 위하여 죽거나 죽기를 결단하는 참 믿는
이들의, 참 믿는 이들을 위한, 참 믿음의 글들입니다.

# 전도의 정신

伝 道 の 精 神

우치무라 간조 지음

양현혜 옮김·해설

홍성사.

내가 다시는 여호와를 선포하지 아니하며
그의 이름으로 말하지 아니하리라 하면 나의
마음이 불붙는 것 같아서 골수에 사무치니
답답하여 견딜 수 없나이다

렘 20:9, 개역개정

# 들어가는 말

내가 기성교회에 충실한 사람은 아니지만 나 같은 사람도 전도에 대해 글을 써야 할 만큼 전도는 성스러운 일이다. 그리고 나 역시 기독교 신자인 만큼 교세가 쇠퇴하는 것을 두고만 볼 수는 없었다.

또한 전도에 관한 내 생각을 들려 달라며 편지를 보내거나 나를 방문하는 사람도 적지 않다. 이에 전도에 관해 한마디 하지 않을 수 없었다. 세간의 비평가들이 이 책에 대해 혹평을 하지 않는다면 감사할 따름이다.

1894년 1월 27일
교토에서
우치무라 간조

# 개정판에 부치는 글

이 책은 10년 전인 1894년에 쓴 것이다. 그런데 지금에 와서야 개정판을 내게 되었다. 이것만 보아도 이런 주제가 얼마나 인기가 없는지 짐작할 수 있다. 책이 나온 이래 많은 전도자가 거룩한 전도 직을 떠나 장사를 하거나 관리가 되거나 정치가가 되었다. 아직도 이 일에 종사하는 자는 세상에 어울리지 않는 아둔한 자일 뿐이다.

　　일본은 전도를 환영하는 나라가 아니다. 그렇다 해도 전도가 이 나라에서 전혀 쓸모없는 것은 아니다. 전도하지 않았기 때문에 오히려 일본이 오늘날처럼 타락한 것이다. 일본의 유망한 청년들이 전도에 나서지 않는다면 향후 일본의 구원은 바랄 수 없을 것이다. 하여 나는 다시금 이 책을 생각하는 일본의 청년들에게 바치고자 한다.

1903년 4월 13일
도쿄 시외 쓰노하츠 마을에서
우치무라 간조

# 차례

들어가는 말 · 9

개정판에 부치는 글 · 11

1. 생계를 위한 전도 · 15

2. 명예를 위한 전도 · 20

3. 교회를 위한 전도 · 28

4. 나라를 위한 전도 · 32

5. 하나님을 위한 전도 · 42

6. 사람을 위한 전도 · 47

7. 이상적 전도자 · 69

8. 신체 조건과 기질 · 74

9. 지식 육성 · 79

10. 실험과 단련 · 88

11. 오늘의 어려움에 대처하는 법 · 94

옮긴이 후기 · 113

부록—우치무라 간조에 대하여 · 120

# 1.
# 생계를 위한 전도

똑같이 전도를 하더라도 그것에 임하는 사람의 정신은 결코 같지 않다. 가장 질 낮은 정신이 있다면 가장 고상한 정신도 있다. 전도의 성패는 오로지 이에 임하는 사람의 정신에 달려 있다.

가장 질 낮은 정신은 전도를 직업으로 여긴다. 말하자면 생계를 유지하는 수단으로써 성직에 종사한다. 이런 전도는 논할 가치도 못 느낀다. 그러나 실제로 이렇게 전도하고 있으니 문제이다. 그래서 부득이 말하지 않을 수 없다.

직업 관념은 물론 배제할 일이 아니다. 이 사회에 태어나서 직업이 없다면 살 권리를 얻지 못한다. 나태와 무직이 오히려 문제이다. 할 일 없이 소일하기보다 직업 삼아 전도하는 것이 낫다. 직업적 전도가 무직보다 몇 갑절 낫다.

그러나 전도는 직업으로 삼기에 가장 부적절하다. 첫

째 이유는 이에 쏟는 노력에 비해 보수가 턱없이 적기 때문이다. 둘째 이유는 전도에서 보수를 생각하게 되면 그 본질을 잃기 때문이다. 그러므로 생계 유지 방편으로서 전도를 권할 수 없다.

그런데 직업적 전도가 행해지는 것이 현실이다. 과거 중세 유럽 가톨릭 국가에서는 주교의 땅이 세습되는가 하면, 영국에서는 교회에 딸린 일정한 세입이 있어 이를 사고 팔 수 있었다. 독일에서 국가 교회 목사는 관리를 등용하는 방법으로 선발되었다. 이와 같은 사례는 모두 전도라는 성직을 직업으로 취급한 것이다. 그리하여 신앙심이 없는 이가 전도에 종사하는 일도 종종 벌어졌다. 때로는 주교 영지를 얻으려고 교황에게 뇌물을 바치고 갓난아기를 명목상의 주교로 세워 땅을 차지하기도 했다. 목회를 하지 않으면서도 교회에 딸린 부동산을 매매하고 목사를 고용하여 낮은 월급을 주면서 형식적으로 의식을 행하게 시키는 일도 있었다. 심지어 무신론자이면서도 신학을 연구하여 목사 고시에 합격하고, 일요일마다 유명한 고대 설교가의 설교를 낭독하는 식으로 직분에 종사한 자도 있다. 이러한 것들은 순전히 직업적 전도로, 실로 전도라는 이름을 붙이기조차 부끄러운 일이다.

이 정도로 심하지는 않다고 하더라도 전도를 통해 생계를 해결하려는 사람이 적지 않다. 그러나 나는 그들을 비난하지 않는다. 바울은 "일하는 자는 그 보수를 받음이 마땅하다"라고 했다. 그러나 만일 직업으로서 전도에 종사하는 사람이 있다면 그 오류는 지적하지 않을 수 없다. 그 사람은 목적을 이룰 수 없기 때문이다. 왜냐하면 사람들과 그 자신이 그 사업에 실망하지 않을 수 없기 때문이다. 그 이유는 무엇인가. 나는 대답한다. 만일 생계가 목적이라면 그는 전도에 기울이는 노력과 생각을 다른 일에 써야 할 것이다. 그러면 반드시 몇 배의 보수를 받을 것이다. 직업으로서의 전도만큼 수지타산이 맞지 않는 직업은 없다. 몇 해가 걸릴 신학 연구를 과학이나 공학으로 돌려 보라. 당신의 노력에 보상이 있을 것이다. 그것은 몇십 배의 수입으로 당신을 만족시킬 것이다. 세상의 안일을 얻으려고 신학을 연구한다면 그처럼 미련한 일은 없을 것이다.

또 직업으로서의 전도는 왜 실망을 안겨 줄 것인가. 나는 답한다. 사람들과 그가 몸담은 교회가 그의 정신 상태를 알아보고 그의 훈계와 가르침을 전혀 신뢰하지 않기 때문이다. 직업 관념은 사회에서는 요구되나, 전도자에게는 직업 관념이 요구되지 않는다. 사회는 돈을 요구하지 않는 목사가 전도자가 되길 바라며, 돈을 요구하는 전도자는 신뢰하지 않는다. 사회는 그가 원하는 돈을 지급하려 들지 않는다. 사회가 그에게 보수를 구하지 않는 전도를 바라기 때문이다. 보수를 목적으로 전도하면 사회의 요구에 어긋나 결국 그는 사회에 실망할 것이다.

전도의 어려움과 실패는 대부분 돈 문제에서 온다. 목사는 자기 자리를 유지해야 한다. 그렇지 않으면 가족이 내일부터 굶는다. 그는 다른 직업을 구할 재간이 없다. 전도를 그만둔다는 것은 가족들이 길거리에 나앉는다는 의미이다. 그가 양심을 따라 담대하게 교회의 악습을 고치려 들면 자신의 자리가 위태로워지니 진퇴양난이다. 잠자코 묵인해 버리자니 정의로운 이들의 공격을 피할 수 없다. 정의는 언제나 가난한 사람들의 편일 뿐 부자의 편이 아니기 때문이다. 전도자로서 그의 사명은 가난한 자를 보호함에 있다. 그러나 직업 근성은 부자를 돕고자 한다. 그는 둘 중 한쪽과 반드시 손을 잡아야 한다. 갈등 끝에 그는 부자의 손을 잡는다. 이에 가난한 자는 그의 불의를 비난한다. 부자도 마음속으로는 그의 비루함을 멸시하며 존경하지 않는다. 이렇게 되면 결국 전도도 안 되고 생활도 어려워져 양쪽에서 다 실패를 맛본다. 마침내 그는 하늘과 사람을 원망하며 회복이 불가능한 실의에 잠기게 된다. 이것이 직업으로 전도하려는 사람들이 너나 할 것 없이 밟는 길이다. 그러므로 다시 말한다. 생계를 전도에 의존하려는 사람은 자신을 가장 큰 위험에 내던지는 자이며 사회에 크나큰 패악을 끼치는 자라고. 결단코 전도를 직업으로 삼지 않을 일이다.

# 2.
# 명예를 위한 전도

명예욕도 전도의 정신에 전혀 없을 수는 없다. 사람은 제각기 품은 청운의 뜻이 있다. 나이 쉰에 세운 공이 없음이 부끄러워 무엇이라도 이루어 이름을 남기고자 하는 것이다. 무력으로 세계를 제패해도 좋다. 천하에 필명을 떨쳐도 좋다. 백만장자가 되어 이름을 천하에 알리는 것도 좋다. 그러나 적을 제압할 무력도 없고, 천하를 뒤흔들 재능도 없고, 재물도 없을 경우 명예욕을 만족시킬 방법이 하나 남아 있다. 유명한 종교인이 되어 큰 교회를 일으키고 이름을 날리며 민심을 얻는다면 천하를 호령하게 되니, 대정치가나 장군보다 뛰어난 성공을 거둘 수 있지 않은가. "종교인은 제왕 중의 제왕이다"라는 말도 있지 않은가. 민심을 좌지우지할 수 있는 종교사업, 이것이야말로 큰 인물이 종사할 만한 사업 아니겠는가. 소심한 인간이여, 정계에서 분주하게 이리저리 뛰어다녔지만 소득은 별로 없지 않은가. 실로 불쌍한 것은 저들이다. 야망 없는 자여, 당신은 온몸을 던져 우주의 한 귀퉁이를 들여다보고 스스로를 학술가로 자처한다. 그러나 얼마나 가련한가. 비록 가난하긴 하지만 나처럼 고상한 직업을 가진 사람은 없다. 천하에 명성을 떨치지는 못했지만 나처럼 실권을 쥔 사람은 없다. 나는 종교인으로서 가장 세력 있는 자, 곧 왕이다. 저 비천한 자들과 어찌 같다고 할 수 있겠는가.

이것은 결코 유약한 정신이 아니다. 소위 바리새인은 이러한 정신으로 종교사업을 하는 자들이다. 중세 로마 교황은 대다수가 이러한 부류의 인간이었다. 또한 프랑스의 뤼세리아(미상)와 마제랑(미상) 역시 이런 부류였다. 루터나 존 녹스(John Knox, 스코틀랜드의 종교개혁가. 1513?-1572)의 적대자들은 그들의 종교개혁 역시 이러한 정신이었다고 주장한다. 일본의 니치렌(日蓮, 법화경을 중시한 일본의 승려. 1222-1282) 성인은 정치적으로는 완전히 실패자였다. 이슬람교 반대자들 역시 말하기를, 이슬람은 이러한 정신에서 출발하여 마침내 검을 가지고 포교했다고 한다. 본질적으로 종교와 명예욕은 하늘과 땅만큼 다른 것이나 실제로는 너무나 쉽게 공존하는 것으로, 나 역시 종종 판별하기 어렵다.

공명심은 인생의 큰 동력이다. 공명심을 위해 목숨을 버린 예가 드물지 않다. 역사적으로 볼 때 사람들은 진리를 위해서만 목숨을 바치지는 않는다. 생명을 버린다 해도 그 대상이 반드시 진리는 아니다. 그렇다면 사랑에서 비롯된 종교와 공명심에서 비롯된 종교를 어떻게 구별할 것인가. 이것이야말로 큰 문제가 아닐 수 없다.

사람의 일은 100년이 지나서야 비로소 그 옳고 그름을 판별할 수 있다. 예를 들면 크롬웰(Oliver Cromwell, 영국 최초로 공화국을 실시한 인물. 의회 민주주의의 기초를 놓았다는 평가와 잔인한 독재자라는 평가가 엇갈림. 1599-1658) 같은 경우이다. 250년이 지나서야 비로소 그의 진실을 세상에 변호해 주는 사람이 나타났던 것이다. 오해받는 것이야말로 영웅의 특징인 듯하다. 살아 있을 때 환영받은 사람치고 100년 후에도 성인으로 추앙받는 사람은 극히 드물다. 나무는 그 열매로 아는 것이다. 양은 목자의 음성을 알아듣는다. 우리가 성실한 사람이라면 성실한 사람을 실수 없이 가려낼 것이다. 또한 간사한 사람은 간사함을 안다. 간사한 자에게 존경받는 것이야말로 그 인물이 간사하다는 증거이다.

공명심은 선수를 친다거나 모사를 꾸미는 데 재빠르다. 그러나 그것은 성실함과 바로 보는 명료함에 미치지 못한다. 전자는 요설을 늘어놓아 자기주장을 관철하려고 하나, 후자는 올곧은 말과 행실로 자신이 확신하는 바를 증거한다. 전자는 자신의 이익으로 사물을 판단하나, 후자는 정의로 가치를 결정한다. 전자에게는 차가운 타산적 계획이 있으나, 후자에게는 오로지 하늘의 뜻에 맡기려는 한결 같은 마음이 있을 뿐이다. 전자는 남을 대할 때 먼저 그의 성정을 살핀 후 말한다. 그러나 후자는 맑은 정신의 한 조각을 만인 앞에서 당당히 토로한다. 전자는 타인의 어려운 처지를 들으면 한마디 조언을 하고 평상시와 다름없이 잘 먹고 잘 잔다. 그러나 후자는 그 사람이 가련하여 그가 구제되기까지 안절부절못한다. 전자는 즐겨 부자를 방문하고 마지못해 가난한 자를 문안한다. 그러나 후자는 가난한 자 만나기를 즐겨하고 부자와 만나는 것을 삼간다. 전자는 경쟁자의 몰락을 기뻐하나 후자는 반대자의 실패에 눈물을 흘린다. 전자가 자신에게 굽신거리는 자를 좋아하고 지조 있는 독립적 성격을 싫어한다면, 후자는 비굴한 복종을 혐오하고 강직함을 사랑한다. 전자는 방편이고 후자는 정신이다. 전자가 요설이라면 후자는 진정이다. 전자가 기술이라면 후자는 자연스레 우러나는 진심이다. 공명심에서 비롯된 종교사업은 복잡하고 혼란하여 유지하는 데 대단한 노력이 필요하다. 그것은 복잡한 규칙과 계약에 의존해야 한다. 복잡함이 그 거짓을 증명한다면, 단순함은 그 진실됨을 증명한다. 예수가 말씀하신 것처럼 "예, 예, 아니, 아니"에 더한 것은 악에서 나오는 것이다.

공명심은 요란하게 전도사업을 하려는 것인데, 이보다 더한 신성모독은 없을 것이다. 하늘은 이런 욕망이 성공하지 못하도록 도태시키기 때문이다. 종교는 특유의 증오심이라는 자연 도태법을 통해 이러한 욕망을 좌절시킨다. 세상 원수 중에 가장 큰 원수를 종교적 원수라고 한다. 그보다 더한 증오심은 없기 때문이다. 활을 잡는 자는 강적을 존경하는 마음이 있다. 중세의 유명한 무신 우에스기 겐신(上杉謙信, 전국 시대의 무장. 1530-1578)이 자신의 적 다케다 신겐(武田信玄, 전국 시대의 무장으로 우에스기 겐신과의 라이벌 관계로 유명. 1521-1573)의 부음을 듣고 젓가락을 내던지며 대성통곡한 것은 상대방에 대한 경의의 표시였다. 정적(政敵)까지 크게 용서하는 도량이 있었던 것이다. 그러나 종교적 적수는 다르다. 상대를 철저히 무너뜨리고도 만족할 수 없어 치욕의 구렁텅이에 빠뜨리고 나서야 겨우 마음이 누그러지는 것이다.

스페인 사람 메넨데즈(Pedro Menendez, 스페인 제독이자 탐

24

험가. 가장 오래된 미국 도시인 세인트오거스틴을 세움. 1519-1574)가 자신의 동료인 리보(Jean Ribaut, 프랑스 해군 장교. 미국 식민지 개척자. 1520-1565)를 미국에 있는 프랑스령 식민지로 끌고 가, 그가 개신교도라는 이유로 그의 종들을 학살하고 그 살가죽을 벗긴 후 토막을 내 본국의 친척과 친구들에게 보내어 이교도 멸망의 기념으로 삼았다고 한다. 종교적 원수라면 인정이나 애국심, 보편 도덕 등은 전혀 통하지 않는다. 사회적 죄인은 용서하되 종교적 적은 용서하지 말라. 국사범은 형을 줄이되 종교적 원수는 형을 늘려도 좋다. 다른 종교인은 용서하되 같은 종교 내의 원수는 결코 용서하면 안 된다. 무신론자에게는 관용을 베풀 수 있어도 같은 종교 내 원수, 그는 우리와 종교를 같이하는 자인만큼 우리는 그를 증오하고 멸절하려 든다. 종교적 원수라면 관용이라곤 털끝만큼도 없고 오히려 그가 저주받기를 기도한다.

따라서 종교적 증오심은 공명심으로 전도하는 자의 성공을 혐오한다. 종교적 증오심은 이러한 자의 성공을 결코 좌시하지 않는다. 다음과 같은 마음으로 바라보기 때문이다. 그의 모습은 얼마나 추한가. 그의 설교는 얼마나 무의미한가. 그의 사업은 야심으로 가득하고 그의 종교는 책략이 가득하다. 우리는 이러한 존재를 참아 내기가 어렵다.

신성한 종교계에 이런 식의 살기(殺氣)가 있는 것이다. 나는 이 기괴함에 놀라지 않을 수 없다. 그러나 역사는 기괴한 일이 실제로 일어났음을 선명히 보여 준다.

따라서 종교인으로 자신을 세우고자 하는 사람은 이러한 광적 살기에 직면할 각오를 해야 한다. 무함마드가 메디나로 피신한 것처럼, 소크라테스가 독배를 마셔야 했던 것처럼, 그리스도가 십자가에서 죽은 것처럼. 종교인으로서 공헌한 사람이 다른 종교인의 심한 박해를 받은 것은 역사적 상식이다. 따라서 예민하고 맑은 성정이라면 종교계를 기피한다. 예언자 예레미야가 말한 것처럼 "주 여호와여, 보소서, 나는 어린아이이기 때문에 말할 줄을 모르나이다"라고. 그러나 여호와는 그에게 말씀하신다. "너는 그들을 두려워 말라. 내가 너와 함께 있고 너를 구원하리라"(렘 1:8).

역사적으로 걸출한 대종교인은 종교적인 일에 종사하는 것을 좋아하지 않았다. 루터나 녹스는 부득이 세상에 나섰다. 누가 종교계의 시끄러운 싸움과 욕설을 견딜 수 있겠는가. "나로 하여금 평안히 하나님의 명령에 따라 살게 하라. 하나님이 나를 사랑하시는 것, 내 바람은 그것으로 충분하다. 나는 여러 사람 앞에 나 자신을 내보이는 것이 두

럽다. 종교적 일은 내가 원하는 것이 결코 아니다"라는 것이 참된 종교인의 정신이다. 이것이 바로 모세의 정신이었고 크롬웰의 정신이었다. 종교계를 명예를 얻는 장소로 믿는 자는 아직 종교가 무엇인지 제대로 알지 못하는 자이다.

그러므로 종교계에서 공명심을 충족시키려는 사람은 아직 그 위험을 모르는 사람이다. 천하를 적으로 삼고 교회를 적으로 삼아 홀로 자신의 뜻을 관철하려고 하니 그 어려움이란 보통 사람이 견디지 못한다. 하여 나는 다시 말한다. 당신이 공명심을 얻고자 하면 종교계를 떠나라. 종교적 원수로 간주되는 고초를 견디어 내지 않으면 안 되기 때문이다. 이런 괴로움을 겪지 않고도 명예를 얻을 길이 얼마든지 있다. 종교인의 증오로 당신의 선량하고 아름다운 양심을 마비시키지 말라. 이 증오심 많은 곳을 떠나 하늘이 주신 아름다운 성정을 보존하라. 정치계에서 공명심을 채운다 해도 세상은 당신을 조금도 비난하지 않을 것이다. 총탄과 포화의 연기 속에서 명예를 얻는다면 세상은 오히려 당신에게 박수를 보낼 것이다. 어리석은 자여, 왜 공명심을 종교로 채우려 하는가. 어리석음의 극치를 버려라.

# 3.
# 교회를 위한 전도

생계를 위해서도 아니요, 명예를 위해서도 아닌, 교회를 위해서 전도하는 자를 종종 본다.

사람에게는 당파심이 있다. 내가 속한 당파를 위해 애쓰는 것이다. 내 당을 세우고 저 당을 거꾸러뜨리며, 내 당의 주장을 확장하고 저 당의 주장을 제압하리라. 이러한 마음 또한 사람이 살아가는 주된 동력이다. 이를 위해 희생과 절제를 키워 모험심과 의협심이 되고, 이를 찬양하는 예는 얼마든지 있다.

예를 들어 중세 독일의 30년 전쟁도 다분히 이 당파심 때문이었다. 유럽 역사에서 1천여 년 동안 갈등을 만들고 아직도 지속되고 있는 겔프당과 기벨린당의 아집과 경쟁은 바로 이 당파심에서 나온 것이다.* 소위 신카톨릭이라고 칭하며 카라파(Alfonso Carafa, 이탈리아 추기경으로 그의 큰 삼촌이 교황 바오로 4세였음. 1540-1565), 로욜라의 이그나티우스 (Ignatius De Loyola, 예수회를 세운 스페인 신부. 1491-1556)의 지도 하에 정계와 교계 최대 세력이 되어 유럽 정치를 좌지우지 하고, 교황을 세우기도 폐하기도 하며, 선교사를 보내 동양 을 교화하려 했던 예수회의 열심과 희생 역시 대부분 당파 심의 결과였다. 당파심은 결코 가볍게 넘기면 안 된다. 당 파심은 제국을 일으키고 교회를 건설하기도 한다. 교회를 위해 전도하게 만드는 그 열심은 결코 가볍게 볼 것이 아니 다. 전도하는 그 사람은 어쩌면 예상 밖의 업적을 남길지도 모른다.

그러나 당파심에는 상대방을 박해하려는 마음이 숨겨 져 있다. 당파심의 목적은 세계를 내 당파에 가입시키려는 것이다. 나에게는 내 당의 규칙(신앙신조라고도 한다—저자주) 이 있어 논쟁이나 설득을 통해, 부득이할 경우 무력과 폭력 을 통해서라도 이 규칙과 신조를 만인이 신봉하게 만들어 야 한다. 당파의 목적은 바로 이것이다. 따라서 세상은 무종 교여서는 안 되고 기독교여야만 한다. 기독교여야 할 뿐만 아니라 내가 믿는 기독교 여야 한다. 감리교든, 회중 교회든, 유니테리언(Unitar-

\*

겔프당은 중세 말기 격화되었던 로마 교황과 신성로마제국의 대립에서 기벨린당 에 대항하여 교황을 지지한 당파이다.

ian, 삼위일체를 부정하는 기독교의 한 분파)이든, 플리머스 형제단 (Plymouth Brethren, '형제회'라고도 하며 19세기 아일랜드에서 시작된 비제도 기독교 운동)이든 간에 나와 같아져야 하고 나에게 설복되어야만 한다. 이러한 정신을 일컬어 교파심이라 한다.

당파심의 기본은 욕심이다. 즉 '나'를 한 단체로 확대해 놓은 것이다. 곧 당파를 통해 '나'를 주장하고자 함이다. 따라서 그들은 다른 교회와 연합하여 제3의 교회와 맞서기도 한다. 여러 복음주의 교회가 서로 손을 잡고 유니테리언에 대항하는 것처럼. 또한 종교인들이 서로 결탁하여 무종교인들에게 맞서기도 한다. 목적은 내 뜻을 확장시키는 데 있다. 이 운동에서 방법이 다른 까닭은 단지 상황이 다르기 때문이다. 당파심은 때로 희생하는 모습으로 나타나기도 한다. 그러나 이것은 일종의 분파심이 만든 결과일 뿐 진정한 희생은 아니라고 심리학자들은 종종 지적한다.

시인 콜리지(Samuel Taylor Coleridge, 영국의 시인. 신학자. 영국 낭만주의 창시자. 1772-1834)가 말한 바 있다. "진리보다 기독교를 더 사랑하는 사람은 기독교보다 자기 교회를 더 사랑하는 사람이며, 그런 사람은 누구보다 자기 자신을 더 사랑하는 사람이다."

따라서 교회를 위해 하는 전도는 실은 자기 자신을 위

한 전도이다. 즉 앞서 말한 두 번째 정신, 공명심과 같은 정신에 입각한 전도이다. 그와 같은 전도는 곧잘 논쟁을 일으킨다. 전도로 경쟁을 하거나 신도 쟁탈전을 벌이기도 한다. 신도를 늘리려는 생각이 끊이지 않기 때문에 아직 교리도 제대로 이해하지 못한 사람을 데려다 회원으로 만든다. 그리하여 교회의 기운이 흐트러지고 늘 법정 같은 모양새가 된다. 흐트러진 기강을 바로잡고자 비평과 비난이 끊임없이 이어지니 그 본연의 목적인 구원이나 선행 등은 생각할 겨를도 없게 된다. 교회 확장을 목적으로 전도하면 이런 길을 피할 수 없다. 야고보는 말했다.

"다툼이 어디서 생기며, 싸움이 어디서 생깁니까. 여러분 자신 속에서 갈등을 일으키는 쾌락 바로 거기서가 아닙니까. 탐을 내어도 가지지 못합니다. 살인하고 질투해도 성공하지 못합니다. 그래서 싸우고 다툽니다. 가지지 못하는 것은 청하지 않기 때문입니다. 청해도 받지 못합니다. 쾌락에 낭비하려고 잘못 청하기 때문입니다"(약 4:1-3, 200주년 신약성서 참고).

교회를 위한 전도는 세상에 사랑과 평화를 가져다줄 수 없다.

# 4.
# 나라를 위한 전도

욕심이나 명예욕도 아니요, 편협한 종교심도 아니요 오직 나라를 위한 전도도 있다. 이러한 전도는 사욕과 사익을 떠나 대의와 공익적 성격을 띤다.

애국심, 이것은 사람의 본성이다. 이런 감정은 잘 분석할 수는 없으나, 마음을 빼앗고 목숨을 걸게 하며 이를 위해 살고 이를 위해 죽게 한다. 나라에 대한 정(情)은 그 어머니에 대한 정과 같다. 사람은 무의식적으로 나라를 사랑한다. 나라에 눈과 입이 달려 위로해 주는 것은 아니지만, 사람을 둘러싼 충만한 산천의 생령(生靈)이 소리 없이 세미하게 대답하고 나를 격려해 준다. 누군가는 물질에는 생명이 없다고 한다. 내 몸과 머리털과 피부는 그 미세한 분자에 이르기까지 이 땅이 변하여 이루어졌다. 나는 내 국토의 일부분이며 내가 이 땅에 붙어 있는 것은 이 땅의 흙이 나로 화했기 때문이다. 그러므로 나라를 사랑하지 않는 자는 자기 자신을 사랑하지 않는 자이다. 내가 이 땅을 위해 진력하는 것은 자연의 이치다. 만일 내 나라를 잃어버린다면 나 자신의 자연을 잃어버리고 우주와 분리된다. 미국의 어떤 애국자가 말하기를 "내가 만일 백 개의 생명을 가졌다면 나는 그 모두를 내 나라를 위해 바치리라"라고 했다. 나는 내 삶을 이 땅에서 받았다. 이제 이것을 이 땅에 돌려주어야 한다. 이것은 내가 당연히 바쳐야 할 것이다.

아, 이 나라를 어찌할 것인가. 이제 도덕과 정의는 온 땅에서 사라졌다. 신의(信義)는 겨우 경제적 가치 정도로 여겨진다. 지도자라고 자처하는 자도 돈에 실권이 있음을 믿고, 먼저 자기 가계가 천 대를 먹고살 대책을 세운 후에야 대의명분을 생각한다. 사람은 나라를 이용할 뿐 나라를 위해 애쓰지 않는다. 이익이라는 대세에 저항할 수 없음을 알고 스스로 그 대세를 추종한다. 나는 안다. 한 나라의 멸망은 책사가 부족해서가 아니라 인의(仁義)가 부족하기 때문임을. 내가 지금 한 팔을 나라를 위해 바치지 않는다면 천년 뒤 사람들이 나를 가리켜 뭐라고 할 것인가. 무력을 가진 자는 무력으로 애국하라. 지식을 가진 자는 지식으로 애국하라. 나의 경우는 '여호와의 큰 길'이라는 정신을 위임

받았다. 나는 최선을 다해서 이 정신을 이 나라와 나누려 한다. 즉 내 종교로 애국하고자 한다. 나는 내 종교로 국민을 이끌어 이 나라를 융성하게 하고자 한다. 내가 애국하는 길은 이 길뿐이다.

깡마른 신부 한 사람이 하늘의 위엄을 두르고 예민한 심장의 고동을 울리며 성마르코 성당 단상에 서서 이태리의 존엄을 짓밟는 프랑스의 무례함을 꾸짖자, 플로렌스 시 전체가 들썩였고 군대를 소집했다. 막 침략하려던 프랑스 왕은 놀라 달아나 버렸다. 사보나롤라(Girolamo Savonarola, 루터의 종교개혁에 영향을 끼친 명설교가이자 도미니크 수도회 수사. 1452-1498)의 한마디는 가리야니(미상)의 책략이나 가리발디(Giuseppe Maria Garibaldi, 이탈리아의 군인으로 이탈리아 통일의 세 영웅 중 하나. 1807-1882)의 용맹함보다 더 위력이 있어 이탈리아의 위엄을 온 유럽에 떨치기에 충분했다. 오늘날 독일 연방이 가능한 것은 몰트게(Helmuth Karl Bernhard Graf von Moltke, 프로이센 왕국, 독일 제국의 군인으로 독일 통일의 1등 공신으로 불림. 1800-1891)나 비스마르크(Otto Eduard Leopold Fürst von Bismarck-Schönhausen, 독일 제국 총리로 탁월한 외교력을 발휘한 것으로 유명. 몰트케와 함께 독일 통일의 1등 공신으로 불림. 1815-1898)의 공로만이 아니다. 300년 전 대담하게도 로마 교황에게 신성모독이라는 죄를 선고한 루터의 업적이 실로 크기 때문이다. 그러므로 진정한 독일인은 자신의 종교적·정치적 입장이 어떠하든 루터의 종교개혁에 무한한 경의를 표한다. 루터의 이름은 독일과 함께 있고 독일이 존속하는 한 루터의 공적은 사라지지 않을 것이다.

미국 남북전쟁 때 도탄에 빠진 나라를 구하는 데 헨리 워드비쳐(Henry Ward Beecher, 노예제 폐지를 주장한 회중교회 목사. 1813-1887) 목사의 공도 매우 컸다. 링컨 대통령, 미드(George Gordon Meade, 남북전쟁의 전환점이 된 게티스버그 전투에서 남군을 격파. 1815-1872) 장군, 그렌트(Ulysses Simpson Grant, 남북전쟁에서 북군을 승리로 이끔. 미 18대 대통령. 1822-1885) 장군 등의 위대한 공적은 찬탄하지 않을 수 없다. 그러나 겨우 한 교회의 강단을 맡은 사람으로서 전 국민의 정신을 고무시켜, 유럽 각 나라 여론이 남부의 독립을 승인하려 할 때 단 한 번의 연설로 좌절시키니 실로 종교인으로서 크나큰 애국이 아닐 수 없다. 사람에게 영혼이 있는 한 종교는 거대한 사회적 세력이 된다. 애국자는 그 기량을 강단 위에서 시험해 보아야 한다. 삼군을 호령하거나 국회에서 연설하는 것만이 국가를 위한다고 생각하지 말아야 한다.

종교인은 애국자가 되어야 한다. 박애주의를 주장하

며 자국 독립의 필요성도 이해하지 못하고 나라의 위신을 희생시켜 가면서까지 외국 선교사에게 맹종하는 자는 아직 종교가 무엇인지 모르고 있다. 진정한 종교인은 모두가 애국자였다. 나라를 위하지 않는 종교는 사교(邪敎)라고 배척해도 좋다. 만일 천사의 모습으로 누군가 내려와 "너에게 종교를 주려 한다. 국가 관념을 버리고 이를 받아라" 말한다면 나는 이렇게 대답하리라. "그런 종교는 필요 없다. 차라리 내 나라를 지키며 무종교로 죽고 싶다. 내 가슴에 불타는 애국심, 나는 그 어떤 것과도 이를 바꿀 수 없다. 당신과는 볼일이 없으니 다시는 나타나지 말라." 이때 영이 있어 내게 말하리라. "그는 요물이다. 네가 간직하고 있는 정신, 그것이 실은 참된 종교의 일면목으로, 그것을 소멸시키고자 하는 것은 단연코 배척해야 한다. 보라, 참 종교는 여기 있다. 유대인이었던 예수 그리스도, 그가 너에게 참된 일본인이 되는 길을 가르쳐 줄 것이다."

나라를 위해 하는 전도는 자신의 이익을 돌아보지 않는다. 이름 날림에 중점을 두지 않는다. 교리 문제로 종파 싸움도 하지 않는다. 전도가 만일 국가를 위한 일이라면 오늘날의 부진한 교세는 급변할 것이다.

그러나 종교는 우주적인 것이어서 무한하다. 반면, 국

가는 시공간에 자리하는 유한한 것이다. 무한을 억압하여 유한에 가두려 한다면 무한은 그 성질을 잃어버리고 그 본연을 살리지 못한다. 사람에게는 무한한 성질도 있고 유한한 성질도 있다. 무한과 유한이 함께 성장해야 비로소 완전한 인간이 된다. 사람 안의 우주적 관념을 국가권력으로 억압해 버리면, 그 관념이 소멸됨과 동시에 국가관 역시 치명적으로 손상을 입는다. 물론 종교의 일차적인 목적은 국가보존에 있지 않다. 종교가 사람의 영성을 다루고 사람과 절대자의 관계를 밝힌다면, 정치나 법률은 사람과 사람의 관계를 규명한다. 종교가 애국을 논한다면 절대자에 대한 의무로써 이를 논할 뿐이다. 종교가 만일 국가 문제 간섭이 일차적 목적이라면 정치와 종교가 뒤섞여 국가에 큰 해악을 끼치게 된다.

　　종교는 정치가 아니다. 정교일치(政敎一致)나 임금 공경이 신 공경과 동일시되는 것은 아직 종교의 본질을 몰라서이다. 정치는 사람의 일이다. 종교는 신의 일이다. 신성을 인간에게 돌리면 안 된다. 신을 사람의 일에 이용하면 안 된다. 그리하여 국가를 위해 하는 전도는 무한을 유한으로 위축시키고 하나님을 사람의 일에 이용할 위험에 빠지기 쉽다.

그 주된 목표를 국가를 위함에 두는 종교는 협소해질 수밖에 없다. 국교가 된 종교는 우주적으로 커질 수 없다. 사람의 보편적 이성에 호소한 개신교의 경우도 루터교가 프로이센과 스웨덴의 국교로 채용된 후부터 초기 개혁기의 활기와 정신을 잃어버리고 구습을 따르며 과거를 사모하여 틀 속에 사람의 영혼을 가둬 버렸다. 아우구스티누스와 암브로시우스(Sanctus Ambrosius, 4세기 교부로 서방 교회를 개혁한 인물. 339?-397)의 가톨릭도 오스트리아, 스페인의 국교가 되면서 그 엄숙함은 겉치레에 지나지 않고, 메테르니히(Klemens Fürst von Metternich, 프랑스 혁명 이후 복고체제로 돌아가고자 한 오스트리아의 보수 정치인. 1773-1859)와 같은 정치가가 나타나 정치적 압제의 도구가 되었을 뿐이다. 종교가 국교가 되면 그 종교에 가장 불행한 일이다. 일찍이 프랭클린(Benjamin Franklin, 미국 건국의 아버지 중 하나로 불리는 정치철학자. 1706-1790)은 말했다.

바람직한 종교는 자립해야 한다고 생각한다. 자립할 수 없고 하나님도 보존하기를 원치 않아 신도 된 자들이 정부의 비호를 구걸하기에 이른다면, 이야말로 제대로 된 종교가 아니라는 증거다.

국교가 되어 교권을 유지하려는 자나 종교를 가지고 국위를 떨쳐 보려는 자는 모두 종교를 악용하는 사람이다. 이 때문에 교세는 위축되고 국권도 신장되지 않는다. 19세기인 오늘날은 국교라는 관념 자체를 버려야 한다.

이렇게까지는 되지 않는다 해도 국가를 위하려는 목적으로 전도하면 언제나 사교클럽이 되기 쉬워 확고부동한 정신을 기르기에는 역부족이다. 일본은 군주국이므로 영국 성공회를 따라야 한다고 말하는 이들이 있다. 국가는 자치정신이 왕성해야 하기 때문에 미국식 회중교회를 받아들여야 한다는 사람들도 있다. 일본 국민은 단순함을 좋아하기 때문에 의식을 배제한 퀘이커주의를 채용하라고도 한다. 또는 국가 독립의 체면을 세계에 드러내기 위해 순수한 '일본식 교회'를 건설해야 한다고도 한다. 국가에 관한 의견이 그 정치사상만큼이나 다양하여 한 국가에 적합한 종교를 선택할 때도 의견 차이가 크다. 때문에 이것이 아집이 되어 상대방을 국가의 적 혹은 매국노라 부르기에 이른다. 그리하여 종교의 중심인 신에 대한 책임과 국민 일반에 대한 관용과 박애 정신은 국가 종교에서 완전히 망각되고 만다. 이것이 국가를 위해 전도할 때 맞이하는 길이다.

세상에는 '사회적 기독교'라는 것이 있다. 그 주장하

는 바는 사회개량 혹은 국가혁신이다. 이들은 말한다. 종교는 내세의 구원 참여가 목적이 아니다. 종교는 현세적이어야 한다. 종교는 인간 사회를 개조하여 이상사회를 건설하는 것이 목적이다. 풍속을 바꾸고 국운을 일으켜 세워 천국을 이 땅에 건설해야 한다. 금주운동, 폐창운동, 집창촌 폐지 운동, 빈민구제, 자선사업 등이 종교의 목적이 되어야 한다. 사후 존재론은 미신가의 몽상에 맡겨라. 속죄론이 무슨 소용인가. 19세기를 사는 우리가 어찌 중세시대의 교리를 믿어야 하는가. 종교란 국가를 구해야 하는 것이다. 요코이[橫井小楠, 명치(메이지)유신 시기 사상가. 개혁적 언동으로 암살됨. 1809-1869], 요시다(吉田松陰, 명치유신의 정신적 지도자. 1830-1859) 같이 나라를 위해 몸을 바친 자, 이것이 진정한 종교가이다. 이렇게 하여 '사회적 기독교'에서 설교는 연설이 되고 신도양성은 청년훈육으로 변질된다. 기도회는 토론회가 되고 교인들은 자칭 사회 개혁자를 자임한다.

　　나는 그들이 다 틀렸다고 말하지 않는다. 다만 그들이 종교의 본질을 버리고 지엽적인 것에만 관심을 가지니 그것을 개탄한다. 그 이유는 굳이 재론할 필요가 없다. 다만 그 결과가 스스로의 목적을 달성하지 못하니, 그들의 정신이 우주의 대도(大道)에 근거하지 않기 때문이다.

'사회적 종교'의 결과는 아름다운 말과 탁월한 설교이다. 자선사업 찬양과 교회 정치에 대한 토론이자 음악회다. 부인 자선회이고 국회 건의 운동이다. 그 사업의 최대 성과는 법률 개정이라고 한다. 그러나 목적하던 바, 사회개량은 겉모습만 약간 바뀌었을 뿐 내실은 조금도 구태를 벗어나지 못한다. 말하자면 욕심이 꽃피었을 뿐 영원에 이르는 마음의 평화, 세계를 끌어안는 사귐은 이와 같은 종교에서는 오지 않는다. 종교는 열매 가운데 가장 잘 익은 열매이다. 정치가의 직무는 그 수준에 맞추어 사회에 적당한 조직을 부여하는 데 있다. 국민의 도의적 가치를 증진시키는 일이야말로 종교의 고유한 직무이다. '사회적 종교가'란 정치가를 흉내 내는 자로서 전도자라는 이름을 모독한다.

사회개량이 당신의 목적이라면 당신은 정치가가 되어야 한다. 종교적 정치가, 그것이 당신의 이상이리라. 그러나 종교의 본질은 당신이 생각하는 그것이 아니다. 당신은 국운 증진, 사회개량을 종교로 이루려 한다. 그 의욕 자체는 틀린 것이 아니다. 그러나 방법이 잘못되었다. 종교의 일차적 목적은 국가나 사회개량이 아니기 때문이다.

# 5.
# 하나님을 위한 전도

하나님을 위한다고 할 때 전도는 비로소 순수한 종교적 일이 된다. 다윗이 말한 것처럼 "주 하나님의 집을 생각하는 열정이 나를 삼킨다"고 한 정신이다. 이것이 바로 "그리스도의 사랑이 나를 격려한다"고 한 바울의 전도 정신이다. 또한 "주님을 위해 모든 인간적 권위에 복종하시오"라고 하며 국법을 존중할 것을 가르친 바울의 정신이다. 이것이 "만군의 주의 이름으로 나아가라"라는 호령으로 적의 진지를 공격한 크롬웰의 정신이다. 종교가의 정신은 무엇을 하든 하나님을 위해서 하는 데 있다. 하물며 전도에 있어서랴. 하나님 믿기를 눈앞의 아버지를 믿듯이, 하나님 사랑하기를 자애로운 어머니를 사랑하듯 하기에 이르렀을 때 그의 전도는 비로소 허황되지 않는다. 하나님에 대한 사랑이하의 정신에서 출발한 전도 일은 모두 헛된 일이며 유희에 지나지 않는다. 그러한 것들은 종교적 일이라고 말할 수 없다.

당신은 말하리라. "하나님을 위해 전도하지 않는 자가 어디 있겠는가"라고. 아, 그렇다. 하나님의 이름을 '이용'하지 않는 전도는 지금까지 없었다. 그러나 하나님을 '위해서' 하는 전도, 즉 자신의 생명을 초개처럼 여기고 자신의 명예를 오물처럼 여기며 하나님이 주신 사명을 다하기 위해 혈육과도 상의하지 않고 단순한 마음으로 하나님을 믿는 마음, 또한 사회의 적개심에도 개의치 않고 성공을 염두에 두지 않고 오직 하늘의 명에 따르려고 하는 정신 하나만으로 전도에 임하는 사람이 몇이나 될까.

하나님을 위하고자 한다면, 먼저 내가 죽어야 한다. 당파심이나 애국심 안에는 아직 이기심이 혼재되어 있다. 자기에 죽고 세상에 죽음으로써 비로소 나는 하나님 안에 살게 된다. 이리하여 두려움이 사라진 후 비로소 내 앞에 밝은 길이 열린다. 하나님을 위해서 하는 전도는 근심이나 책략, 방책으로 그 사업을 혼란하게 하지 않는다. 세계가 나를 따를 일도 아니요, 내가 세계에 굴복하고 야합할 일도 아니기 때문이다. 세상이 모두 나와 맞선다 해도 나는 결단코 굳게 서리라. 나에게는 서리에 시들지 않는 푸른 소나무의 기상이 있다. 나에게는 동요하지 않는 태산 같은 의연함이 있다. 내 존재는 모든 사람을 이롭게 하고 내 소리는 파도도 잠잠케 한다.

좋은 소식을 가져오며 평화를 공포하며 복된 좋은 소식을 가져오며 구원을 공포하며 시온을 향하여 이르기를 네 하나님이 통치하신다 하는 자의 산을 넘는 발이 어찌 그리 아름다운고(사 52:7, 개역한글).

하나님을 위해서 할 때에 비로소 전도는 세상을 유익하게 한다. 세상의 흐름에 항거하는 확신이 있고 사람을 두려워하지 않는 용기가 있기 때문이다. 어려움에 개의치 않는 모험심이 있고 시대를 능가하는 이상이 있다. 이것은 인간이 아니라 하나님을 섬기는 자만이 세상에 줄 수 있는 것이다. 영원무궁토록 사회를 진보시키는 것은 하나님을 위해서 일하는 전도자만이 할 수 있다.

하나님은 영이시고 미쁘시다. 그러므로 하나님을 섬기는 자는 신령과 진정으로 하지 않으면 안 된다. 만일 구름 한 점 없이 선명하게 하나님과 만나는 능력이 있어서 만유의 영과 교제할 때 어떠한 도움도 필요 없다면, 그는 오직 하나님만을 벗 삼아 교제하는 것만으로 자신의 완전함에 이를 수 있어 그의 일에는 결점이 없을 것이다.

하지만 사람에게는 영성만 있는 것이 아니다. 육정(肉情)이 대부분을 차지하기 때문에 사람의 완전함은 영계에서만 추구할 일이 아니다. 그의 눈 역시 하나님을 볼 필요가 있다. 영이신 하나님만 섬길 때 그 하나님은 추상적 신이 되어 사람은 자기 상상을 신의 목소리라고 오해할 수 있다. 신에 대한 열심이 때로 자신의 뜻 숭배로 바뀌기도 한다. '신을 위해서'라고 하면서 인위적인 교설이나 교의를 위해 일하기도 하고, 영적 열심이라 하며 자신의 신념을 관철하면서 종교적 불관용을 드러내기도 한다. 그러한 자는 신의 이름으로 자기와 맞지 않는 자를 책망하거나 파문하며 종교 전쟁을 일으켜 과거 독일의 30년 전쟁 같은 일이 일어나기도 한다. 또한 프랑스 혁명 등으로 참담한 역사를 남기기도 한다. 십자군이라 하여 이교도를 살육함으로써 신의 은총을 입으려고도 했고, 아우토다페(Auto da fe: 신앙의 행위—저자주)라며 개신교인을 화형에 처하면서 하나님의 은혜에 보답한다고 믿었다. 정신병자를 마귀의 화신이라 하여 익사시키면서 신도의 의무를 다한다고 확신하기도 했다. 이 모든 것은 신을 추상적 존재로 인식한 결과라

하지 않을 수 없다. 교회의 분열, 신도 사이의 증오와 다툼은 공명심에서만 오지 않는다. 신에 대한 잘못된 열심에서, 진리에 대한 잘못된 충성심에서 신도 간의 싸움과 교회의 알력이 일어난다는 사실을 우리는 충분히 알고 있다. 신을 위한 전도에는 꺼지지 않는 열심이 있다. 경하할 만한 성실함이 있다. 영원히 참아 내는 인내심이 있다. 그러나 관용과 자비와 온유함은 신을 위해서 하는 전도에 크게 결핍되어 있다.

# 6.
# 사람을 위한 전도

이에 나는 전도의 정신을 추상적인 신이 아닌 다른 것에서 찾지 않을 수 없다. 사람을 위해서 전도한다는 말은 사람의 기호에 맞춘다는 뜻이 당연히 아니다. 이미 하나님을 위하려는 자가 되었다면, 어찌 사람의 눈치를 살피고 그 환심을 사려 할 것인가. 이른바 인간을 위한 종교라 하면서 이러한 유약함에 사로잡혀 인간적 사랑과 연민에 빠져 정의와 그에 합당한 징벌로 세상 죄악 치리하기를 소홀히 함은 가장 경계해야 할 일이다. 인간을 위한 참된 관념은 신 공경 관념을 엄숙하게 통과하고 나서 비로소 얻는다.

　물론 사람을 떠나서 하나님을 섬길 수는 없다. 또 사람을 통하지 않고 하나님을 볼 수도 없다. 세상에는 '우상숭배'라는 것이 있다. 그 이론에 따르면, 인류는 추상적인 하나님을 직접 대할 수 없으므로 신앙의 대상을 형체화하여,

그것에 신을 향한 존경과 사랑을 바침으로써 자신의 욕구를 충족시키려 한다는 것이다. 이러한 우상숭배에 커다란 폐단이 있음은 굳이 말할 필요도 없으나, 그 안에 한 가지 진리가 있다는 것도 사실이다. 오직 형체 없는 영이신 신을 경배하는 자들과 달리 우상숭배자들에게는 그런 열심과 고상한 관념이 없기 때문에, 진정한 종교를 믿으려 하는 자들이 빠지기 쉬운 극심한 불관용과 독선은 없다는 점이다. 우리의 신앙은 물질적으로 나타나지 않기 때문에 각자 생각하는 관념이 악마적 영이 되어 이웃을 의심하고 살해한다. 때문에 어쩌면 우상숭배적 사고는 인류의 본성에 속하는 것으로 영성 발달상 필요한 것일지도 모르겠다.

그렇다면 무엇을 가지고 하나님을 예배할 것인가. 창공에 걸린 해와 달은 창조주의 솜씨지만 우리의 심정을 의탁하기에는 역부족이다. 눈이 있어도 보지 못하고 귀가 있어도 듣지 못하는 목석 신상을 모신다 해도 이를 통해 하나님이 경배를 받으시지 않을 것이며, 우리 역시 그것을 신으로 인정할 수 없다. 하나님은 나의 이상 속에 존재할 뿐 눈으로 직접 볼 수는 없는 것이다. 마음으로 신을 경외하지만 내 제물을 바칠 신은 없는 것인가. 하나님은 이 세상에 형상으로 나타나지 않는 것인가.

아니다. 하나님의 형상은 바로 우리 눈앞에 있다. 하나님은 우리의 제물을 받을 대리자를 세상에 남겨 두셨다. 우리가 숭배하는 하나님은 형태가 전혀 없는 신이 아니다. 우리의 신앙은 그 대상이 있다. 거기에 봉사함으로써 하나님을 섬길 수 있고 그것을 섬김으로써 하나님을 경외할 수 있고, 우리의 온 마음을 거기 바침으로써 하나님과 직접 사귈 수 있다. 하나님은 이를 통해 우리에게 응답하시고, 우리는 이로써 우리 눈으로 신을 뵐 수 있다. 이러한 우상숭배는 하나님과 진리가 허락하는 우상숭배로, 이러한 우상숭배는 소위 말하는 일신교보다 더욱 아름답고 선하다.

그렇다면 내가 제물을 바쳐야 할 우상이란 어떠한 것인가. 내 황금과 유향과 몰약이 여기에 있다. 나에게 내가 예배할 신을 보여 달라. 나는 내 보배합을 열어 그 신께 바치겠다.

크리소스토모스(John Chrysostom, 초기 기독교 교부. 로마 가톨릭, 동방 정교회, 성공회에서 성인으로 추앙됨. 347?-407)는 말하기를, "진정한 신전은 다름 아닌 사람이다"라고 했다. 북두(北斗), 삼숙(三宿), 묘수(昴宿, 모두 별자리를 일컬음)의 밀실이 하나님이 거하시는 곳이 아니다. 천둥이 요란하게 울려 산천이 뒤흔들릴 때가 하나님이 말씀하시는 때가 아니다. 갓난아이가 구유에 누운 곳, 그곳이 참 진리가 세상에 임하는 곳이다. 하나님은 사람에게 있다. 하나님은 사람들 안에서 경외와 순종을 요구하신다. 사람을 섬기는 것이 신을 섬기는 것으로, 사람을 떠나서 하나님을 섬길 수는 없다. 여기에서 로온폴 공의 이야기를 들어 보자.

로온폴 공은 중세 시대의 이름 난 자로 한 성의 군주였다. 그는 열렬한 기독교인으로 하나님과 교회를 위해 큰 공을 세우면 충실한 가톨릭교도로서의 본분을 다할 수 있다고 생각했다. 이에 한 생각이 그에게 떠올랐다. 지난 날 그리스도께서 그 제자들과 함께 최후의 만찬을 나누실 때 사용한 금잔으로, 지금은 그 행방이 묘연한 성배를 찾자는 생각이다. 로온폴 공은 이 일이야말로 그리스도를 위해, 가톨릭교회를 위해 큰 공헌이 되리라 생각했다. 옛부터 성배를 찾으려던 사람은 많았으나 성공하지 못했다. 그리하여 그는 오늘부터 만사를 제쳐 놓고 목숨을 걸고서라도 이 성배를 찾아내고 말겠다고 결심했다. 그는 고향 사람들과 작별하고 갑옷을 입고 말 위에 올라 용기백배하여 성문을 나섰다. 때마침 한센병 환자 하나가 와서 그에게 엎드려 나사렛 예수의 이름으로 구걸했다. 로온폴 공은 "나는 하늘 아버지의 명에 따라 그리스도의 성배를 찾으러 나선 몸이다. 더러운 네가 어찌하여 나를 귀찮게 구느냐"라고 거칠게 말했다. 그러나 병자는 그의 옷자락을 붙잡고 애걸했다. 공은 크게 노하여 품속에서 금화 한 닢을 꺼내 집어 던지며 "이걸 받고 꺼져라. 나는 너를 돌볼 시간이 없다"라고 했다. 그리고 뒤도 안 돌아보고 말을 채찍질하며 떠났다.

이로부터 수십 년간 그는 유럽과 아시아 여러 나라를 돌아다니며 갖은 위험을 무릅쓰고 있는 힘을 다해 성배를 찾으려 애썼으나 헛수고였다. 가진 돈을 모두 탕진하고 머리는 백발이 되었다. 공은 청년 시절에 품은 꿈을 도저히 이룰 수 없음을 깨닫고 고국에 돌아가 부모가 묻힌 땅에서 여생을 마치리라 결심했다. 공이 다시 성문 가까이 이르렀을 때 추위로 강물은 얼어붙어 있었다. 그는 누더기를 걸쳤고, 지팡이 하나를 의지하고 있을 뿐이었다. 그때 다시 한 센병 환자가 나타났다. 얼굴을 보니 수십 년 전 아직 공이 건강하여 대망을 품고 떠났을 때 그의 말 앞에 엎드린 거지였다. 환란과 고생이 이제 그의 마음을 부드럽게 바꾸었고, 그 마음에 동정심이 일어났다. 그러나 이제 주고 싶어도 돈이 없었다. 할 수 없이 가지고 있던 빵 한 개를 꺼내 절반을 잘라 주면서 "나는 이제 이 빵밖에 줄 것이 없네. 나사렛 예수의 이름으로 이 빵을 받게나"라고 했다. 그리고 허리에 차고 있던 쪽박을 꺼내 강가로 내려가 얼음을 깨고 냉수를 길어다 그에게 주면서 "자비하신 주님의 이름으로 이것을 마시게"라고 했다. 아픈 거지는 공의 친절에 감사하며 정중하게 받았다. 그때 그의 모습이 갑작스레 변하더니 영광스러운 그리스도가 되어 로온폴 공 앞에 섰다. 그리고 손을 펼쳐 그를 축복하고는 감개에 젖어 멍하니 서 있는 공을 향해 이렇게 말씀하는 것이었다.

> Lo, it is I, be not afraid !
> In many climes without avail
> Thou hast spent thy life for the Holy Grail ;
> Behold, it is here-this cup which thou
> Didst fill at the streamlet for me but now ;
> This crust is my body broken for thee,
> This water His blood that died on the tree ;
> The Holy supper is kept, indeed,
> In whatso we share with another's need ;

보라, 나다, 두려워 말라. 성배를 찾으러 여러 나라를 헤맬 필요가 없다.

보라, 성배는 여기에 있다.
냇물을 길어 온 그 쪽박이 바로 성배이다.
조금 전 나에게 떼어 준 그 빵은
찢어진 나의 몸이다.
이 냉수는 십자가 위에서
흘린 내 피다.
가난한 자와 함께 나누는
식사야말로 진정한 성찬이다.


　로온폴 공이 놀라 깨어 보니 한바탕 꿈이었다. 공은 이에 크게 깨달았다. 하나님과 교회에 봉사한다는 것은 천하를 두루 다니며 눈부신 공을 세우는 것이 아니다. 세상의 가난한 자가 다름 아닌 그리스도이므로 가난한 자를 구하면 그리스도를 섬기는 것이다. 이에 그는 성문을 열고 곳간을 개방하여 성 밖의 빈민 구제를 평생의 낙으로 삼았다. 그리하여 나라는 번영하고 국민은 편안하였고 그 자신도 평안과 기쁨으로 일생을 마쳤다고 한다.**
　사람에게 하나님이 있다. 특별히 가난한 사람에게 있다. 비단을 걸치고 왕관을 쓴 사람은 하나님의 모습이 아니며 오히려 누더기를 걸치고 거친 음식을 먹으면서 배고

픔에 허덕이는 자가 하나님의 참모습에 가장 가까운 자다. 우리는 인류에게서 하나님을 찾고 가난한 자에게서 하나님을 만난다. 그리스도는 말씀하셨다. "내 형제 중 가장 작은 자에게 행한 것이 곧 내게 행한 것이다"(마 25:40)라고.

어떤 영국 사람들은 해마다 크리스마스를 축하하는 자리에서 가장 윗자리를 비워 둔다. 가장 아름답게 장식하고 가장 맛있는 음식을 그 앞에 둔 채 이를 예수 그리스도의 자리라고 칭한다. 손님들이 모두 자리에 앉으면 자녀를 보내 근처에서 가장 가난한 어린아이 한 명을 불러다 그 자리에 앉힌 뒤 모두가 감사를 드리고 식사를 나눴다고 한다. 이것은 앞서 말한 그리스도의 교훈을 있는 그대로 실천한 것으로 실로 아름답다 하겠다.

\*\*
나는 이 이야기를 나의 저서 《구안록求安錄》에 실어 자선사업이 내 마음의 갈망을 충족시킬 수 없었음을 서술했다. 그것은 나의 실존적 경험을 그대로 기록한 것이지만, 독자는 혹시 이로 인해 이 이야기의 참뜻을 오해하지 말았으면 좋겠다. '로온폴 공의 꿈'이라는 운문의 작자 럿셀 로웰James Russell Lowell이 이것을 지은 원래의 뜻은, 내가 지금 말하는 '사람을 위한 종교'를 장려하기 위한 것이었다. 그러나 이것을 의식적 혹은 형식적 자선을 장려한다는 식으로 해석한다면 저자의 의도를 완전히 오해하는 것이다. 역사적 사실로서 이것을 《구안록》에 기재한 것은 독자들에게 어떠한 부끄러움도 없으나, 이로써 이 작품의 참가치를 훼손하여 사람에 봉사함으로써 신에게 봉사한다는 교의를 훼손하게 되면 큰 잘못이라고 생각한다. 따라서 여기에 다시금 인용하여 그 참된 의미를 세상에 소개하고 나아가 당시 저자의 사고가 미숙했음을 고백해 둔다.

옛부터 오늘에 이르기까지 진정한 종교 부흥은 언제나 가난한 사람을 교회가 어떻게 대하느냐에 따라 나타났다. 세례 요한이 그리스도에게 사람을 보내 "오실 분이 당신이십니까"라고 물었다. 즉 "당신이 참 하나님의 아들이고 구세주이십니까? 만일 그렇다면 그 증거를 보여 주십시오"라는 말이었다. 이에 그리스도는 자신이 그리스도임을 입증하려 오늘날 신학자들이 하듯이 논증을 하지 않고 그의 행위로 증거를 보이며 이렇게 요한에게 전하라고 했다. "눈먼 자가 보며 절뚝발이가 걸으며 한센병 환자가 깨끗해지고 귀머거리가 들으며 죽은 자가 다시 살아나며 가난한 자가 복음을 듣는다."

즉 가난한 자가 복음을 듣는 것이야말로 내가 하나님께로부터 온 증거라고 대답한 것이다. 하나님에게서 오지 않은 거짓 예언자는 가난한 자에게 관심이 없다. 그들은 높은 사람에게 아첨하고 부자를 찾으며 권위에 의지하고 돈을 좋아한다. 그들은 상류 사회의 교화를 기도하고, 사회를 향한 감화력이라는 명분으로 관리와 재벌들이 교회 신도가 되기를 욕망한다. 그러나 내 사명은 가난한 자를 구하는 데 있다. 가난한 자를 중시하고 부자를 경시하는 것, 이것이야말로 우리가 기독교인이라는 증거가 될 것이다. 세상의 가난한 자가 나를 존경한다면 하나님이 내 안에 계시기 때문이다. 내 천직은 예언자 이사야가 전한 바와 같다. "주 여호와의 영이 내게 임하셨으니 이는 여호와께서 내게 기름을 부으사 가난한 자에게 복음을 전하게 하시니라 나를 보내사 마음이 상한 자를 고치시고 포로된 자에게 자유를, 갇힌 자에게 해방을 선포하시며, 여호와의 은혜의 해와 우리 하나님의 징벌의 날을 전파하며, 모든 슬픈 자를 위로하되 무릇 시온에서 슬퍼하는 자에게 화관을 주어 그 재를 대신하고 기쁨의 기름으로 그 슬픔을 대신하며, 찬송의 옷으로 근심을 대신하고 그들로 의의 나무 곧 여호와가 심으신 자, 곧 그 영광을 나타낼 자라 일컬음을 받게 하심이라"(사 61:1-3).

　　너의 행위가 이 말씀과 일치되지 않는다면 나를 그리스도로 믿지 말라고 하는 것이 기독교의 특징이다. 이는 기독교뿐만 아니라 우주적 진리에 기초한 모든 종교의 특징이다. 부자가 권력을 얻고 가난한 자가 머리를 조아리게 된다면 그 교회는 틀림없이 타락했다는 증거이다. 이것이야말로 종교적 생명의 시금석이 될 것이다. 교세 부흥법, 교회 독립 문제 …… 아, 이것을 제외한 다른 교회 부흥법은 없다. 가난한 자는 반드시 경제적으로 빈곤함만을 뜻하지 않는다. 마음이 가난한 자, 이들 역시 중요하게 생각해야 한다. 사람에게는 영성이 있어 세상의 부귀로 채울 수 없는 부분이 있다. 우울함에 빠져 아무런 위안 없이 고단한 세월을 보낸다 하여 반드시 누더기를 걸친 사람은 아니다. 비단옷을 걸치고 대궐 같은 집에서 호의호식하더라도 그럴 수 있다. 무엇으로 사랑하는 자식의 갑작스러운 죽음을 위로받을 것인가. 내 마음에 하늘 같은 공허함이 있다. 백만장자인들 이 공허를 메울 수 있겠는가. 무엇으로 세상이 나에게 보내는 거짓과 아첨을 참을 수 있겠는가. 높은 자리에 있는 까닭에 마음이 통하는 벗을 찾기가 힘들다. 권력은 이 적막함을 보상할 수 없다. 사람에게는 모두 가난함이 있는 것이다. 사람이 그 본성을 잃었기 때문에 세상의 썩어 없어질 보물을 가지고 만족하게 된 것이다. 그러나 가난을 느끼는 자만이 하나님의 영이 주시는 부유한 은혜를 입는다. 그러므로 종교인의 임무는 부유한 자의 가난한 심령을 고치고, 가난한 자의 물질적인 빈곤을 위로함에 있다.

따라서 전도는 심령에게 하는 자선사업이다. 하나님의 은혜가 내게 풍족하기 때문에 그 보답으로 내 동포를 향한 동정심에서 우러나오는 무한한 위로를 나누어 준다. 만일 내게 나눌 만한 재물이 있다면 기꺼이 하나님께 바쳐 세상의 외로운 자를 위로하리라. 그러나 지금 나에게 금과 은은 없다. 내게 있는 것, 즉 나사렛 예수의 능력을 이 세상에 주어 가난과 고통을 덜어 주어야 한다. 그러므로 전도자가 되고자 하는 자는 먼저 이 부유함과 기쁨과 평화가 억누를 수 없을 정도로 충만해야 한다. 먼저 무한한 기쁨이 있을 때 비로소 가난한 자를 도울 수 있다. 그의 전도는 영혼에 이르기까지 살아 있는 생수의 원천이 되어 타락한 세상을 정화시키고, 사람들은 이로 인해 즐거워하게 된다. 참된 전도자의 자격은 다음과 같다.

근심한 자 같으나 항상 기뻐하고 가난한 자 같으나 많은 사람을 부유하게 하고 아무것도 없는 자 같으나 모든 것을 가진 자로다(고후 6:10).

전도가 자선사업에 이르면 포교 문제는 어려움이 없다. 자원하여 돈을 주는데 어려운 문제에 부딪히는 사람이 있겠는가. 자선사업의 비결이라 하면 가난한 정도에 따라 돈과 물건을 나누어 주는 것뿐이다. 이리하여 보통의 전도사업에서는, 베풀 수 있는 재물은 유한하고 구제를 바라는 사람은 무한하기 때문에 적절한 분배법을 찾기 곤란한 일이 생긴다. 그러나 심령적 자선사업은 나누어 줄 보물이 다함이 없으니 우리는 거저 받은 선물을 가난한 자에게 거저 나눌 뿐이다(마 10:8). 따라서 대가를 받을 필요가 없다. 주는 것이 기쁨이기 때문이다. 전도의 어려움은 나눌 영이 결핍될 때 온다. 마치 아귀 천만을 먹이는데 쌀과 보리 몇 가마니밖에 없다면 물을 타서 죽을 쑨다 해도 한 그릇씩 골고루 나눌 수 없는 것과 같다. 넘치는 재물을 가지고 가난한 자에게 나누는 일보다 세상에 유쾌한 일은 없을 것이다. 만일 영을 나누는 전도라면 이보다 더 즐거운 일이 어디 있겠는가. 전도의 어려움을 호소하는 자는 이 대목에서 반성해 볼 일이다.

자선주의적 전도에 공명심이 따를 염려는 없다. 만일 그 안에 야심이 있다면 남보다 더 나은 자선 사업을 하려는 야심일 뿐이다. 이런 야심은 누구나 가져도 좋다. 자선은 명예를 위해서도 유익하다. 다만 심령의 자선은 명예와 이익을 위해서 할 때 유익이 없을 것이다. 여기서 두 자선의 다른 점이 분명히 나타난다.

나는 자선사업에 당파적 경쟁이 있다는 말은 아직 듣지 못했다. 만일 있다면 크게 축하할 일이다. 다른 사람보다 더 많이 나누고자 한다면 이 세상에 황금시대가 올 것이다. 사람은 얻기 위해 싸울 뿐 더 주려고 다투지 않는다. 전도 지역 경쟁이라니 대체 무슨 말인가. 그러한 자는 전도가 아니라 약탈을 하려 한다. 그러기에 자신의 형제와 다투는 것이다. 세상 사람들은 이러한 전도를 가리켜 이기적인 사업이라고 할 것이다. 그러면 당신은 무엇이라고 항변할 수 있겠는가.

자선사업에 박해하려는 마음이 있을 리 없다. 자선은 세상을 고통에서 구제하려는 것이기 때문이다. 그런데 어찌 고통을 가할 수 있을까. 나는 지금껏 자기 자선을 받아 주지 않는다고 사람을 질책하거나 힐난했다는 소리를 들은 적이 없다. 주고자 하는 물질이 나에게 있다. 그런데 내가 무엇 때문에 그것을 받아 주지 않는다고 사람을 박해하겠는가. 또 내 자선을 어떤 사람이 방해한다 해도 개의치 않을 것이다. 왜냐하면 가난한 자는 스스로 와서 나에게 도움을 구하며, 나 역시 물품을 길에 두어 마음대로 가져가게 할 수 있기 때문이다. 재물이 내게 있으니 베푸는 것이 매우 쉽다. 내가 가난해질 때가 문제인 것이다. 그래서 나는 이러한 전도에서 곤란하다는 말을 들을 때 이해하기 어렵다. 나는 지금껏 부자가 자선의 어려움을 호소했다는 말을 들어 본 적이 없다.

물론 죄악 된 세상이 의롭고 어진 사람을 울리기도 한다. 이익을 좇거나 공명심에서 하는 전도는 진정한 박애 정신에서 우러난 전도가 나타나면 위선이니, 야망이니 누명을 씌워 방해하려 든다. 또 어리석고 완고한 인심은 지극히 선한 것을 접해도 그 선을 알아보지 못하고 도리어 무시한 채 자신의 좁은 시각에 안주하려 든다. 따라서 박애 정신으로 전도할 때 세상 인심에 기대면 어떤 이로움도 없다. 그러나 박애 정신에서 전도하는 이가 어떠한 환난을 당한다 해도 용감하게 전진하며 다른 사람을 선한 길로 인도하는 것은, 그 마음에 기쁨이 있고 사사로운 욕심이 없기 때문이다. 자선적 전도에 두세 가지 염려가 없지는 않지만 기쁨은 천 배, 만 배가 된다. 승리는 기쁨 없이 얻을 수 없다. 고개를 숙인 채 늘 보채는 사람의 전도는 뻔하다. 바울은 "너희는 주 안에서 항상 기뻐하라. 내가 다시 말한다. 너희는 기뻐하라" 했다(빌 4:4). 우리는 바울이 어떠한 고초를 겪었는지 잘 안다. 그러나 그는 기쁨을 알 뿐 환난은 몰랐던 듯하다. 전도에 임하는 자가 바울과 같은 기쁨 없이 무엇을 할 수 있겠는가.

　　자선주의에 의거한 전도에는 부끄러움이 없다. 수치심은 내 행동이 이상과 어긋날 때 일어난다. 이익을 위한 전도, 공명심에서 하는 전도는 부끄러운 것이다. 그리고 세상이 전도를 멸시할 때는 사사로운 욕심을 위한 사업으로 보기 때문이다. 바울은 말했다.

"내가 복음을 부끄러워하지 아니하노니 이 복음은 모든 믿는 자에게 구원을 주시는 하나님의 능력이 됨이라"(롬 1:16상). 나는 이 구절을 읽을 때마다 바울의 심정을 생각한다. 하나님의 충성된 종으로서 자신이 전도자임을 바울이 부끄러워했겠는가. 호걸이었던 그 역시 칼라일(Thomas Carlyle, 사회개혁을 주장한 영국의 역사가. 1795-1881)이 말한 영웅으로, 헛된 것 위에는 서지 않는 사람이었다. 먹고살려고 복음을 전한다는 비루한 생각은 그의 진정 어린 가슴에 한 번도 떠오른 적이 없다. 공명심으로 전도한다는 망상이 떠올랐다면 그는 그런 생각을 불러일으키는 악령을 꾸짖고 분연히 떨쳐 버렸으리라. 그는 위대하게도 이스라엘을 넘어 전 세계에까지 헌신한 것이다. 그의 뜻은 당파에 헌신하기에는 너무 커서 온 우주까지 이르고자 했다. 그는 추상적 하나님에 만족하지 않고 실제적으로 사유했기 때문에 철학적으로 신을 강론하며 신학계를 떠돌아다니는 부패한 학자처럼 사는 것을 크게 부끄러워했을 것이다. 그가 전도자 됨을 부끄러워하지 않았던 것은 자신이 전하는 복음에 진정한 가치가 담겼다고 확신했기 때문이다.

전도는 공명심을 만족시키는 수단이 아니며, 한낱 국가주의도 아니요, 비밀스럽게 간직한 철학적 이치도 아니었다. 만일 복음이 그런 것이었다면 바울은 수치스럽게 전도자가 되지 않았을 터이다. 복음이 만민을 구하는 하나님의 권능임을 알았기에 그는 분연히 일어나 천하에 복음을 전한 것이다. 맹자는 "부끄러움은 사람에게 중요하다. 잔머리를 굴리는 자는 부끄러움을 알지 못한다"라고 했다. 전도자 됨을 아직 부끄러워해 본 적이 없다면 그는 전도가 무엇인지 모른다.

자선적 전도 이외에는 진정한 열심이 없다. 이익, 공명심, 애국심 등은 모두 인간을 자극하는 큰 동력이 분명하다. 그러나 이것들은 사람을 납득시키는 능력을 가지지 못한다. 무함마드는 그 제자들에게 늘 말하기를 "너희들은 서로를 돌보는 마음을 주신 알라를 찬미하라" 했다. 서로를 돌보는 마음만큼 사람이 가진 귀중한 것이 없다. 이것이 우리의 생명을 이어 준다. 이것이 우리가 노래하는 원천이다. 이에 근거하여 충효인의(忠孝仁義)의 도리가 있다. 이로써 아름다운 사랑과 희생이 있다. 그리고 이는 인간의 본능 중 가장 강하다. 그 힘은 엄청나서 부모를 저버리면서까지 아내에게 매달리게 한다. 하나님을 버리더라도 연모하는 상대와 함께하려 한다. 우리의 전도가 만일 서로 돕고자 하는 마음에 근거한다면 못 이룰 것이 무엇이겠는가. 이 마음에 의거하지 않으면 희생도 없다. 희생이 없다면 전도도 성공할 수 없다.

위대한 종교인이라 칭하는 사람들은 모두 이웃을 돕는 마음이 컸다. 우리는 대자대비한 석가모니의 출가 이야기를 안다. 그는 말 고삐를 끌던 하인 차닉(車匿)에게 말하였다. "너는 모르느냐. 변화무쌍한 살인귀가 곧 공격해 올 것이다. 나는 모든 중생을 위해 이에 항복하려 한다."

예수 그리스도의 전도 정신 역시 그 깊이를 헤아릴 수 없는 연민에서 우러났다. 그는 예루살렘 성을 바라보며 울면서 탄식하셨다.

예루살렘아 예루살렘아 선지자들을 죽이고 네게 파송된 자들을 돌로 치는 자여 암탉이 그 새끼를 날개 아래 모음같이 내가 네 자녀를 모으려 한 일이 몇 번이냐 그러나 너희가 원치 아니하였도다(마 23:37, 개역한글).

예수는 나사로의 무덤에 이르러, 그 동생들과 친구들

이 곡하는 것을 보시고 "마음에 통분히 여기시고 민망히 여기사 이르시기를, 그를 어디에 두었느냐" 하셨다. 그리고 "눈물을 흘리셨다" 한다. 영웅은 충격을 받아도 쉬이 눈물을 흘리지 않는다. 그런데 예수는 눈물을 흘리며 연민의 정을 나타냈다. 곁에 있던 사람치고 그 거룩한 동정심에 감동받지 않은 이가 있었겠는가. 이에 "유대인들이 말하기를, 보라 그가 나사로를 얼마나 사랑하였는가"라고 했다.

복음서 기자는 그리스도가 전도하는 모습을 기록하기를, "예수께서 모든 성읍을 두루 다니시며 회당에서 가르치시고 천국복음을 전파하시며 모든 병과 모든 허약함을 고쳐 주셨다. 그분은 군중을 보며 측은히 여기셨다. 목자 없는 양들처럼 풀이 죽어 있었기 때문이다"(마 9:35-36)라고 했다.

이것이 이웃을 동정하는 마음이 아니고 무엇이겠는가. 나는 이것 외에 그리스도에게 다른 마음이 있었다고 생각할 수 없다. 우리는 예수 그리스도가 하나님의 외아들로서 인류를 긍휼히 여기는 하나님의 거룩한 뜻에 따라 이 어지러운 세상에 오셨다고 믿는다. 신신학(新神學, 보수주의에서 본 자유주의 신학)이나 유니테리언은 기독론에 관해 다른 주장을 할 것이다. 그러나 위대한 하나님이 인류를 불쌍히 여기셔서 그리스도가 이 땅에 왔다고 생각해 보자. 이때 우주와 인간을 향한 우리의 생각과 기독교가 존재하는 이유가 더 깊고 무겁게 느껴진다. 무한한 연민, 이것은 그야말로 하나님의 본성이다. 이것이 바로 기독교다. 여기서 기독교가 무엇인지 깨닫게 되고 이를 전파할 비결도 알게 된다.

한마디 덧붙이고자 한다. 자선적 전도에는 뜨겁고 차가운 부침이 없다. 이른바 하나님 신앙은 때로 열심에 불타는가 하면 때로는 얼음같이 차갑기도 하다. 부흥회 식의 열심이나 일상적 냉담은 추상적 신에 주목하는 종교가 빠지고야 마는 함정이다. 그러나 우리의 마음이 성화되고 그 거룩한 심정이 확대되어 전도에 이르게 될 때, 우리는 영원히 솟아나는 생명의 샘이 된다. 이때 아내가 남편을 사랑하듯, 자애로운 어머니가 자식을 사랑하듯 한결같이 전도에 임할 수 있는 것이다.

사람을 위한 전도는 누구나 할 수 있다. 여기에는 전도 면허증이 필요 없다. 교권 역시 전혀 필요 없다. 진리 그 자체가 증인이 된다. 자기 머리에 수백 개의 손이 얹히고, 자기 이름 앞에 목사, 박사 등 화려한 호칭이 넘쳐나더라도, 가난한 자가 그로 인해 하늘의 위로를 받지 못한다면 그가 받은 안수는 허망하다. 한 푼의 가치도 없는 것이다. 사랑에는 법률이 없다. 전도의 자유는 남에게 나눌 진리와 선이 반드시 함께한다.

　　오해하지 말라. 사람을 앞세우고 신을 뒤로하며 전도하자는 말이 아니다. 사람이 하나님을 예배하게 하고, 사람을 섬김으로 하나님을 섬기는 전도를 하자는 것이다. 당신은 왜 이익을 보려고 전도하는가. 당장 그만두라고 나는 권한다. 왜냐하면 이것이 당신에게 지극히 불리하기 때문이다. 세상도 당신에게서 유익을 얻지 못한다. 당신은 왜 전도계에서 명예를 추구하는가. 그만두라. 명예는 치열한 싸움터에서 추구하라. 의회의 단상에서 추구하라. 물론 정치와 전쟁 역시 공명심만으로 할 것은 아니다. 당신은 속한 교회를 위해 전도하는가. 당신의 종교는 큰 어려움과 실망을 한아름 안겨 줄 것이요, 거기에 기쁨과 성공은 없을 것이다. 나라를 위해 전도하고자 한다면 물러나 정치가가 되어라. 그것이 당신의 천직이다. 하나님을 위해 전도하고자 한다면 당신의 하나님을 이웃 속에서 찾을 때까지 기다려라. 하나님을 위한다고 하면서 오히려 하나님을 거역할까 두렵다. 사람을 위해 전도하라. 육체적인 쾌락을 주려 함이 아니라 그의 영혼을 구하기 위해서, 내가 하나님께 은혜를 받았듯 그도 은혜를 받을 수 있도록 하라.

당신 안에 하나님의 영이 거한다면 하나님께 드릴 것을 그에게 주라. 이것은 미신도 아니고 우상숭배도 아니다. 이것은 인간 중심의 일신교다. 이러한 전도에는 기쁨과 열정이 있다. 이러한 전도에 박해와 다툼은 없다. 그러므로 이러한 전도를 진정한 전도의 정신이라 나는 말한다.

사람에게 하는 것은 하나님께 하는 것이다. 사람을 위한 전도만이 나라를 위한 전도가 될 수 있다. 참되고 선한 사람을 기르는 것보다 나라를 위해 큰일은 없기 때문이다. 사람을 위하는 것, 이것이 교회를 위한다. 사람을 위한 교회는 번영하고 교회를 위한 교회는 쇠퇴한다. 교회가 사람을 위해 있는 것이요, 사람이 교회를 위해 있지 않기 때문이다.

전도자의 명예도 사람을 위해 일할 때 얻는다. 그는 자기를 버림으로 비로소 자기를 얻기 때문이다. 명예를 위해서나 혹은 생계를 위해서라도, 자신을 완전히 잊어버리고 이웃을 위해 일하면 가장 좋은 길이 될 것이다.

# 7.
# 이상적 전도자

나는 늘 생각한다. 종교 사업은 인간의 직업 중 가장 비루하면서도 고상함을 가면으로 쓴다고. 왜 가장 비루한가. 보라. 얼마나 많은 비겁한 자들이 자신의 욕망 때문에 종교계에 숨어들었는가를. 중세의 교황 알렉산더 6세(Alexander VI, 성직매매 등 부패한 교황의 대명사로 여겨지는 인물. 1431-1503)나 영국의 로드 주교(William Laud, 예전 문제 등으로 청교도를 박해한 정치인. 1573-1645), 일본의 활 제작자 도경(道鏡) 같은 이들은 모두 손꼽히는 간사한 자들로, 신성한 종교계를 이용하여 탐욕을 채우려 하였다. 세상에는 가증스러운 것이 많지만 가장 으뜸은 간사한 종교가들이다. 종교심이나 종교인의 자질이 없는 목사, 전도사, 승려 또는 신도(神道)의 신관 등은 사회에 가장 해로운 존재들이다. 성서는 이러한 인물을 가리켜 거짓 예언자 혹은 양 가죽을 쓴 이리, 도둑이라 한다

(요 10:10).

그러면 왜 종교 일을 가장 고상한 직업이라고도 하는가. 보라. 세계 역사에 가장 큰 유익과 진보를 가져다준 인물들이 종교인이기 때문이다. 동양 역사 2,500년간의 발전과 태평을 유지함에 있어 자비의 현현인 석가모니를 능가할 사람이 정치가나 학자 중에 있겠는가. 셈족을 다스림에 있어서 무함마드처럼 영향력 있는 인물이 있겠는가. 유럽 2천 년 내 법률 발전에 있어서 도덕정신을 불어넣은 자로 모세만 한 사람이 있겠는가. 고대 유럽의 역사상 가장 공로가 큰 인물로서 레오 3세(Pope Leo III, 카롤루스를 황제로 세워 서로마 제국을 부활시킨 인물. 750?-816), 그레고리오 7세(Gregorius VII, 성직매매를 금지시키고 성직자들의 금욕을 엄격히 시행한 인물. 1015-1085), 암브로시우스, 아타나시우스(Athanasius, 신약성서 27권을 처음 확정한 알렉산드리아 대주교. 293-373) 같은 위대한 인물이 또 있겠는가. 어떤 장군이라도 웨슬리(John Wesley, 영국의 복음전도자, 감리교 운동 창시. 1703-1791)만큼 추종자가 많은 이는 없다. 근세에 와서 세계 문명을 발전시킨 사람 가운데 리빙스턴(David Livingstone, 영국 선교사. 노예제 폐지 운동가. 1813-1873)같이 아프리카 대륙을 개척한 사람도 있고, 헨리 마틴(Henry Martyn, 인도 선교사. 1781-1812)같이 영국의 대인도

정책에 도덕적 진보를 촉구한 사람도 있었다. 비처(Henry Ward Beecher, 노예제 폐지를 주장한 회중교회 목사. 1813-1887)와 같이 일개 목사에 불과했지만 미국 남북전쟁 때 매클렐런(George Brinton McClellan, 북군 총사령관. 1826-1885)이나 그랜트(Ulysses Simpson Grant, 북군을 승리로 이끈 장군. 1822-1885) 장군과 비길 만한 공적을 세운 사람도 있었다. 그 밖의 많은 목사와 전도자들이 서구 역사의 진보에 미친 영향력은 대정치가나 유명한 장군에 필적할 뿐 아니라 그 감화력은 후세까지 미쳤다. 종교인의 힘은 이렇게 군인이나 정치가를 훨씬 능가한다. 이것은 일본도 마찬가지다.

니치렌 성인은 세상을 떠난 지 600년이 지났지만 아직도 150만의 신도가 있고, 신란(親鸞, 가마쿠라 막부 시대의 고승. 1173-1262) 성인은 300만의 신도가 있다. 이외에도 유명한 고승인 홍법대사(弘法大師, 일본 밀교인 진언종 창시자. 774-835)나 택암화상(澤庵和尙, 일본 임제종의 승려. 1573-1645)도 일본의 문명 보존과 발전에 지대한 공을 세웠다. 장군은 사라지고 국가는 멸망해도 고승의 업적은 소멸되지 않는다. 라틴어에 'Imperium in Imperio'라는 말이 있다. 곧 '제왕 중의 제왕'이라는 의미로, 진정한 종교인은 세력이나 권력이 아니라 다만 자신의 덕으로써 인류 최고의 자리에 이를 수 있다는 것이다.

　이상적 전도자가 되는 자격을 논하려면 먼저 전도가 무엇인지 논해야 할 것이다. 전도를 영어로 'mission'(미션)이라 한다. 이는 '파견한다'는 의미이다. 교리를 전하기 위해 파견될 수도, 육체적 도움을 주기 위해 파견될 수도 있다. 따라서 그 큰 뜻은 'minister'(미니스터), 곧 교역자와 거의 같으며 '타인을 돕는다'는 뜻을 내포한다. 하여 미션이라는 단어는 교리 전파에 한정되지 않으며 모든 자선사업을 미션이라고 할 수 있다. 그러나 내가 믿는 바에 의하면, 종교라 함은 인류와 신의 관계를 규명하는 것이며, 이를 세상에 전하는 것은 본래의 행복한 자리로 인간을 다시 데려온다는 의미이다. 따라서 종교 교리를 세상에 전하는 것은 선한 일 중에서 가장 선하며, 박애사업 중 최대의 박애사업이다. 성인군자의 직업으로 전도보다 더 좋은 것을 나는 알지 못한다.

　전도가 인류를 하나님께 돌아오게 하는 사업이라면 그 영역은 참으로 드넓고 크다. 교리를 언어로 설명하는 것도 한 방법이다. 그러나 설교 또는 문필 작업이 전도사업의 대부분 또는 전부라고 생각한다면 큰 착각이다. 전도의 본령은 모든 방법을 동원해 모든 사람을 하나님께 돌아오게 하는 것이다. 나는 믿는다. 역사는 무의식중에 인류에게 끊임없이 전도하고 있었음을. 모든 덕스러운 것, 모든 선한 것, 모든 영예로운 것은 다 전도의 요소가 된다. 전도자가 된 사람은 그 안목을 이 정도까지 넓혀 두어야 한다.

전도자는 이 고상하고 위대한 임무를 감당할 자이므로 정말 잘 선택되어야 한다. 가장 건강하고, 지식이 있으며, 가장 고상하고 아름다운 사상을 가진 자만이 이 직책을 감당할 수 있다. 따라서 세간에 종종 들리는 "가장 쓸모없는 자가 승려가 된다"는 말에 나는 전혀 동의할 수 없다. 헨리 드라몬드(Henry Drummond, 스코틀랜드의 복음전도자. 생물학자. 1851-1897) 씨가 일전에 말했다. "나는 선교사 중에 자기 나라로 돌아가라고 권하고 싶은 사람을 아프리카에서 여러 명 보았다. 그리고 아프리카에 선교사로 보내고 싶은 인물 역시 영국에 돌아온 후 많이 보았다." 전도 직에 선택되지 못했는데 그 직에 매달린다면 선택받은 사람이 그 직을 거부하는 것만큼이나 하나님께 죄를 짓는 것이다. 종교인된 자는 심사숙고하여 자신의 거취를 결정해야 한다.

# 8.
# 신체 조건과 기질

여호와 하나님이 이스라엘 백성 가운데 처음 왕을 세우실 때 베냐민 지파 사울을 선택하셨다. 그는 체격과 용모가 뛰어나 이스라엘 민중을 다스릴 만한 식견이 있어 보였다. 성서는 "그가 백성 중에 서니 다른 사람보다 어깨 위만큼 더 크더라"(삼상 10:23)라고 전했다. 헬라어에 'eidos axion tyrannidos'(에이도스 악시온 티란니도스)라는 말이 있다. "타인을 지배할 만한 가치 있는 모습"이라는 뜻으로, 다른 사람을 통솔하고 지도할 사람은 천성적으로 외모가 뛰어나다는 말이다. 물론 종교적 일은 사람의 정신에 관한 것이므로 외모가 미치는 영향은 그리 크지 않다. 그러나 건강한 신체와 권위 있는 용모를 무가치하다고 할 수는 없다. 지난 날 크리소스토무스가 동로마 제국에 그 이름을 떨친 것은 주로 그의 정신과 학식 덕분이지만, 의연한 용모와 남자다운 체격, 아름다운 목소리가 한몫한 것 역시 틀림없다. 루터의 초상화를 보면 누구나 그의 기질과 풍기는 기운을 알아차릴 것이다. 리빙스턴의 체력은 금강석과 같았다. 아프리카 대륙을 횡단하면서 몇 달 동안 소금을 먹지 못하거나 차와 커피를 2년간 마시지 못했어도 조금도 지치지 않았다 하니 그의 체력이 얼마나 대단했는가 알 수 있다. 나는 미국의 유명한 설교가 리처드 스토(미상)의 설교를 들은 적이 있다. 이미 예순이 넘었으나 목소리가 대강당을 울렸다. 설교한 지 1시간 15분이 지났으나 점점 목소리는 고조되고 있었다. 보스턴의 설교가이자 감독인 필립스 브룩스(Phillips Brooks, 미국 성공회 주교. 찬송가 〈오 베들레헴 작은 골〉 작곡. 1835~1893)는 거인이었으며 그의 음성은 유명한 트리니티 예배당 구석구석까지 쩌렁쩌렁 울려 퍼졌다. 그 밖에 유명한 교역자로서 건강한 몸을 가진 사람이 적지 않다. 생리학적으로 두뇌를 쓰면 팔다리를 단순히 움직일 때보다 많은 체력을 소모하고, 학자의 한 시간 노동은 노동자의 13시간 노동에 필적한다고 한다. 하물며 전도자가 사람의 정신을 환기시키고 그 마음에 호소할 때는 어떻겠는가.

교사는 직공보다 많은 체력을 소모하며, 전도자는 교사보다 강한 체력이 있어야 한다. 물론 허약한 몸으로 종교사업에 공헌한 사람도 적지 않다. 칼뱅은 왜소하고 깡마른 사람으로 하루에 빵 몇 조각과 약간의 포도주만으로 살았으나, 거대한 업적을 남겼음은 누구나 안다. 헨리 마틴이나 데이비드 브레이너드(David Brainerd, 미국 원주민들에게 선교한 복음전도자. 일기가 유명하다. 1718-1747)처럼 몸이 허약한 가운데에서 더 큰 영혼의 아름다움을 보여 사람을 감화시키는 이들도 적지 않다.

그러므로 나는 건장한 신체가 아니면 전도자가 될 수 없다고 말하지 않는다. 그러나 건강한 몸은 전도에서 중요하며, 강건한 몸이 필요 없다고 생각하면 큰 잘못이라고 믿는다. 보라, 많은 교역자가 조금 찬 밤바람을 쐬었다고 강단을 비우지 않는가. 적지 않은 설교자가 두통 때문에 진리를 제대로 못 외치지 않는가. 종교는 진리의 아름다움이다. 이 지극한 아름다움을 나타내려는 자는 건강한 외형을 갖추어야 한다. 희망에 찬 청년아, 만일 당신이 우뚝 서서 인류가 도달할 수 있는 가장 높은 경지에 이르려거든, 인류가 할 수 있는 최대의 일에 종사하고 싶거든 당신의 건장한 신체는 신성한 전도 일을 할 때 가장 보람되게 쓰일 것이다. 하나님의 병사는 일반 병사와 마찬가지로 신체검사가 필요하다. 몸이 허약해서 다른 사업에 종사할 수 없으니 전도

사업이나 하겠다는 허튼소리는 제발 하지 말라.

나면서부터 갖는 전도자의 기질은 특별히 말할 것이 없다. 전도자는 최선의 인물이어야 하므로 나쁜 기질이 있다면 먼저 고친 다음 전도 일을 할 수 있다. 그런데 전도에 적절한 좋은 기질도 적지 않다. 활발한 기질이 있다면 과묵한 기질도 있고, 예리한 기질이 있다면 둔탁한 기질도 있다. 모두 종교적 일에 필요한 기질이다. 다만 말하고 싶은 것은, 세상에서 소위 영리하다는 사람은 부적절하다는 것이다. 바울은 "하나님은 미련한 자를 택하여 지혜 있는 자를 부끄럽게 하신다" 했다. 종교인은 사람과 하나님 사이에 서서 중개를 하므로 자신의 지혜로 하려 들면 안 된다. 위대한 종교인 중에 영리한 이가 적고, 순박하고 둔한 사람이 많은 것은 이 때문이리라. 누군가 말하듯 루터가 선견지명이 있는 사람이었다고 생각하면 큰 오해이다. 그의 일은 하나님의 일이었고, 그의 위대함은 자신의 무력함을 깨닫고 전적으로 하나님을 의지했기 때문이다.

세상 역사가들이 크롬웰을 평가할 때 늘 부딪히는 어려움도 여기 있다. 크롬웰의 정치사상이나 정략은 일반적이지 않았다. 그는 영국을 다스릴 때, 선량한 목사가 교회를 지도하는 것처럼 만사를 하나님께 물어보고 성령이 명하신 것을 좇았다. 크롬웰뿐 아니라 어떤 시대의 위대한 종교인이든 모두 자기를 잊고 자기를 내세우지 않으며 자기 지혜에 의지하지 않는 사람들이었다. 종교적 일을 자기 힘으로 이룰 수 있다고 믿는다면 아직 종교가 무엇인지 제대로 알지 못한 것이다. 영리한 사람이 반드시 악하지는 않다. 쓸모없는 인간도 아니다. 그는 상업, 정치, 산업에서 충분히 능력을 보일 수 있으나 전도자로서는 위험천만하다. 우둔하고 소박한 청년이여, 걱정하지 말라. 당신은 영리하고 우수한 사람들에게 우둔하다고 멸시받고 세상일에 능하지 못하여 쓸모없는 사람 취급을 받기도 했다.

그러나 전능하신 지혜자는 당신 같은 사람을 찾아 인간의 사상이 미칠 수 없는 지혜와 기쁨을 주려 하신다. 영리한 청년이여, 나에게 사람을 통솔할 재능이 있고 세상의 변화를 알아채는 탁견이 있으므로 전도자가 되어 교회를 조직하고 복음을 전파하겠다고 하지 말라. 당신은 하루빨리 전도자가 될 생각을 버리고 다른 일을 해야 할 것이다.

# 9.
# 지식 육성

전도자는 하나님의 진리를 성령의 도움으로 전파하기 때문에 세상적 지식은 필요 없다며 열성적인 종교가들이 이따금 말하곤 한다. 이런 사람들에게 영국의 석학 필립 시드니(Philip Sidney, 영국의 시인. 학자 겸 군인. 1554-1586)가 이렇게 대답했다. "만일 하나님이 우리의 학문을 원하지 않으신다면 그는 우리의 무학(無學)은 더더욱 원치 않으실 것이다." 전도자는 우주 만물에 있는 하나님의 진리를 세상에 나타내 보이는 직책이므로 전도자가 몰라도 되는 일은 이 넓은 우주 가운데 하나도 없다. 따라서 지식이 넓어짐에 따라 하나님을 아는 지식이 더욱 깊어지고, 지식이 더해 감에 따라 하나님의 뜻을 더욱 분명히 알게 된다. 마크 홉킨스(Mark Hopkins, 미국의 교육가. 신학자. 1802-1887)가 말한 바 있다. "지식으로서 진리의 용도는 사람의 생명을 유익하게 함에 있다." 그러므로 다른 이보다 전도자에게 학문은 더욱 절실하다.

내가 농학을 처음 공부할 때 농가에서 배워야 하는 학과를 할당받은 적이 있다. 지질학, 화학, 기상학, 기계학, 물리학, 식물학, 동물학, 해부학, 생리학, 곤충학, 수의학, 경제학, 법률학을 배워야 한다 했다. 보리를 경작하고 양과 돼지를 키울 때 이렇게 많은 학과를 알아야 한다면, 하물며 하나님의 밭을 갈고 인간의 영혼을 키우는 전도자에게 있어서랴.

전도자가 되려는 사람은 전문가일 필요는 없으며, 전문가가 될 수도 없다. 동물학이나 생리학의 전문적 지식을 배워야 철학가가 되는 것은 아니지만, 여러 분야의 기초적 지식을 가지고 그 안에 있는 진리를 분별할 힘은 필요하다. 마치 건축가가 기와를 만들거나 대장장이가 될 필요는 없으나 기초 지식은 가져야 하는 것과 같다. 따라서 만물의 창조주이신 하나님을 전공으로 하는 종교인이 물리학자나 철학자, 신학자는 아니다. 그러나 인간의 지혜로 펼친 모든 학문 분야를 통해 하나님의 뜻을 인식할 수 있어야 하므로 전도자의 학문은 깊이보다는 넓이가 필요하다. 지식 육성 관점에서 전도는 여러 분야의 지식을 요구한다. 각종 사업에 종사하는 사람들을 각각의 장소와 지식의 종류에 따라 하나님께 인도하는 기량을 각 분야 전문가들 위에 서서 연마해야 하기 때문이다. 농학을 전혀 모르는 전도자가 농민을 감화시킬 수는 없다. 생리학에 어두운 자가 다윈의 진화론을 반대한들 세상 사람들이 경청할 리가 없다. 경제학을 전혀 모르는 전도자가 경제계 사람들을 감화시킬 수 없다. 지식이 발전할수록 전도자가 감화시켜야 하는 제반 사회 영역이 점점 확대된다. 신학만을 아는 전도자는 좋은 신학 선생님은 될 수 있을지 모르나, 목수, 미장이, 농민, 학자, 정치가의 인도자로서는 전혀 쓸모가 없다.

그렇다면 전도자가 배워야 하는 과목을 생각해 보자.


(1) 전도자가 되기를 원한다면 경제학과 사회학을 연구할 필요가 있다. 그는 사회의 선도자이자 사회를 하나님이 정하신 진리로 이끌어 가려 하므로 이 사회를 지배하는 원리와 법칙을 모르면 안 된다. 그가 목회하는 신자들이 사회의 제반 상황에 대처하거나 선악을 분별할 때 목사는 올바른 판단기준을 제시해야 한다. 이러한 일은 사회가 복잡해질수록 어려워진다. 선의를 가진 전도자가 사회과학에 어두운 탓에 많은 신도들을 혼란함 속에 헤매도록 만드는

경우가 종종 있다. 또한 사회사업 중에는 전도자에게 직접 관련되는 것이 많다. 교육사업이나 자선사업, 사회개량 사업 등이 그것이다. 이러한 사업에 임할 때 사회과학의 원리를 모르고 신학만으로 충분하다고 생각한다면 실로 불완전한 전도자이다. 많은 자선사업이 사회과학적 지식 부족으로 오히려 해악을 끼치는 것을 보라. 열정적인 종교가의 사회개량 사업이 문제의 폐단을 지적할 뿐 시정의 길을 제시하지 못함을 보라. 최근 미국의 모 신학교에서 사회학 교과를 신설한 것은 이러한 이유 때문이다.

(2) 전도자가 되려면 과학을 연구할 필요가 있다. 과학은 물질의 원리와 법칙을 연구하며, 이를 통해 우리는 하나님의 거룩하신 뜻과 법칙을 깨달을 수 있다. 중세에 과학 없는 철학이 기초 없는 철학으로서 버림받은 것처럼 과학 없는 신학은 기초가 허약한 신학이라 하지 않을 수 없다. 시인 워즈워스(William Wordsworth, 영국의 대표적 낭만주의 시인. 1770-1850)는 말했다.

To the solid ground of Nature
Trusts the mind that builds for aye!

영구히 세우려는 자, 견고한 자연의 토대를 신뢰하라!

자연은 하나님의 옷으로, 영이신 하나님을 오관을 통해 알려 준다. 우리는 물질을 통해 영을 인정하고, 영을 통해 물질을 이해한다. 옛부터 오늘날까지 탁월한 종교인들은 자연의 아들들이었다. 소크라테스가 감람나무 숲에서 신을 찬미했듯이, 그리스도가 들의 백합화와 공중의 새를 가리키면서 하나님의 사랑을 나타내 보였듯이, 바울이 밀이 자라는 것으로 부활의 이치를 설명했듯이. 우주의 원리를 위대한 인물들을 통해 우리 같은 무지한 자들에게 가르치는 데 자연은 좋은 자료가 된다. 만일 종교인이 하나님의 아름다움을 찬미하고 그 덕을 알려 주려 할 때 눈에 보이는 자연을 통해 한다면 전하는 자가 얼마나 기쁘고 듣는 사람은 얼마나 이해하기 쉽겠는가. 셰익스피어가 이른바 나무와 돌이 말하게 한다는 것은 이를 가리키는 말일 것이다. 자신의 설교가 너무 막연하다고 걱정하는 설교가가 있다면 어서 자연으로 눈을 돌려라. 그의 신앙은 이를 통해 새로운 기초를 얻고 더욱 견고해질 것이다. 그의 설교는 새로운 실제의 예를 얻어 한층 명료해질 것이다. 과학 없는 신학은 몸 없는 영혼과 같으므로 우리가 몸을 가지고 사는 한 이러한 신학으로 배우면 안 된다.

(3) 전도자가 되려면 역사학을 공부해야 한다. 역사는 인간 진보의 기록으로 하나님의 섭리를 가장 명료하게 드러낸다. 역사를 통해 과거를 생각하고 미래를 통찰하여 인류 전체의 움직임을 전망할 수 있다. 또 지혜의 발달에 있어서 역사학이 특별히 필요한 이유는, 역사를 배우는 사람은 관용을 알게 되기 때문이다. 역사학에 무지한 사람은 사상을 인류의 한 부분에 가두어 두고 그 전체적 뜻은 생각하지 않는다. 역사학을 통해 국민이 인류보다 작으며, 인류 전체의 진보는 한 국민의 진보보다 훨씬 중요함을 배운다. 역사학을 통해 사해동포주의, 즉 인류의 연대를 안다. 전도자는 자비와 불쌍히 여기는 마음을 가져야 한다. 이 점에서 타인을 판단할 때 역사학만큼 우리를 관대하게 만드는 것은 없다. 종교가의 커다란 병폐인 당파심, 즉 자신의 종파를 높이고 타 종파를 멸시하는 태도를 불식시키려면 세계의 역사를 널리 배우는 것이 최상이다.

(4) 전도자가 되려는 사람은 성서 공부를 충실히 해야 한다. 이는 너무 명백해서 말할 필요조차 없는 듯하나 너무

나 중요하기 때문에 각별히 주의를 기울여야 한다. 성서 연구 없이 종교적 일을 하려는 것은 수학 연구 없이 천문학을 연구하려 들듯 터무니없다. 창세기부터 요한계시록까지 통독한 적이 없는 사람, 소선지서 열둘의 가치를 모를 뿐 아니라 이름조차 외우지 못하는 사람, 느헤미야나 에스더서가 기독교 발전에 어떤 영향을 미쳤는지 모르는 사람, 이사야의 높고 아름다운 예언에 감동받은 적이 없는 사람, 예레미야에게서 그의 애국심을 느껴 보지 못한 사람, 빌립보서가 우리의 성품을 드높이는 데 어떤 영향을 미치는지 모르는 사람, 교회를 깨끗이하거나 전도함에 있어서 요한계시록을 하루도 읽지 않을 수 없다는 것을 느껴 보지 못한 사람, 아직도 신약성서의 한 부분을 읽는 정도에 멈춰 있는 사람—이런 사람은 결코 전도자가 될 수 없다고 나는 단언한다.

성서에 대한 의견은 사람마다 다를 수 있으나 성서의 가치가 다른 서적과 비교할 수 없다는 사실은 모두가 인정한다. 예를 들어 성서의 한 구절 한 구절이 다 하나님의 말씀이라고 믿든, 성서 연구는 다른 서적 연구와 같이 특정한 방법을 따라야 한다고 믿든 간에 성서가 기독교에 유일무이한 경전임은 누구나 동의할 것이다.

(5) 이상적인 전도자가 되려면 성서를 원어로 연구할 필요가 있다. 영역 성서가 그리스어 성서를 번역한 것이라 하더라도, 루터 번역의 독일어 성서가 성서 원문의 정신을 가장 잘 나타낸다 하더라도 원문을 읽는 것과는 비할 바가 못 된다. 누가 일본어로 옮긴 중국 시인 문천상(文天祥, 남송의 정치가. 원의 침략하에서 나라에 대한 절개를 지킴. 1236-1283)의 시 정기가(正氣歌, 회유하려는 쿠빌라이에게 자신의 마음이 변치 않음을 드러낸 시)를 읽고 만족하겠는가. 설날 놀이에 쓰는, 헤이안 시대의 일본의 시가(詩歌)로 만든 카드를 영어 번역으로 읽을 수는 없는 노릇이다. 셰익스피어의 진가를 알고자 한다면 일본어나 독일어 번역으로 만족하겠는가. 괴테의 아름다움을 탐구하는 자가 영역본에 만족하겠는가. 외국에 대해 연구할 때 번역본은 어쩔 수 없어 의지하는 것이지 결코 만족스러워서가 아니다.

하나님의 성서를 연구하는 많은 교역자들이 다윗의 시편을 히브리어 원문으로 읽을 능력이 없을 뿐더러 그럴 의욕마저 없다는 사실을 나는 이해할 수 없다. 바울 서신을 헬라어로 읽으며 그 생생함을 느껴 보려는 의욕이 거의 없다는 것도 이상하다. 루터는 말한 바 있다. "히브리어와 헬라어 연구를 불필요하다고 생각하지 말라. 이 언어들은 성령의 검을 싸고 있는 칼집이다."

여기서 굳이 다른 과목까지 내 의견을 밝히지는 않겠다. 전도자로서 철학을 어디까지 배울 것인가, 미술과 문학은 어떠한 가치를 지니는가 등은 다시 말할 기회가 있을 것이다. 그러나 이미 지적했듯 전도자의 교육은 넓이가 필요할 뿐 깊이를 요하지는 않는다. 지금까지 말한 바를 한마디로 요약하면 전도자의 지식은 세 가지 기초에 서 있다고 할 것이다.

| 지식 | 하나님에 관하여 | 성서 |
| --- | --- | --- |
| | 사람에 관하여 | 역사, 사회과학 |
| | 만유에 관하여 | 과학 |

성서, 역사(사회과학 포함), 과학은 지식의 삼위일체로서 하나라도 빠지면 다른 것을 충분히 이해할 수 없다. 이 셋이 합쳐질 때 비로소 건전하고 균형 잡힌 지식을 구비하게 된다. 전도자는 어느 하나라도 빠뜨리면 안 될 것이다.

# 10.
# 실험과 단련

《천로역정》의 저자 존 번연이 아직 안개 속을 헤매고 있을 때, 하루는 의심을 참을 수 없어 근처의 목사를 찾아가 마음을 토로하고 위로를 얻으려 했다. 번연은 "내 마음에 악한 생각이 쉴 새 없이 떠오르는데 내가 하나님께 버림받아 악마의 노예가 되었다는 징후가 아닐까요"라고 물었다. 목사는 이 말을 듣더니 탄식하기를 "아마 그런가 봅니다"라고 했다. 신경과민이었던 번연은 실망에 실망을 거듭하여 거의 미칠 지경이 되었다고 한다. 나중에 그리스도 안에서 평화를 얻은 번연은 친구에게 말하기를 "그 목사는 신학은 잘 알았겠지만 악마와 싸워 본 경험은 없는 사람이었다"라고 했다.

기독교는 이론이 아니고 사실이다. 실험이다. 이론만으로 기독교를 깨달으려 든다면 이론만으로 화학을 연구하려는 것과 같다. 이론만으로는 기독교가 무엇인지를 절대 이해할 수 없다. 헉슬리(Aldous Leonard Huxley,《멋진 신세계》를 쓴 영국 작가. 1894-1963)는 "철리(哲理)의 성전에 예배하려고 하는 자는 먼저 실험실 앞마당을 통과해야만 한다" 했다. 나 역시 말하고 싶다. "기독교의 성전에서 영이신 하나님을 만나고자 한다면 먼저 마음의 실험실을 통과해야만 한다"라고. 사학자 네안더(Joachim Neander, 독일의 신학자. 찬송가 〈다 찬양하여라〉 작곡. 1650-1680)가 "신학의 중심은 가슴 속에 있다"라고 한 뜻도 같을 것이다. 따라서 목사가 되고자 한다면 영혼을 단련하는 경험을 충분히 해야 한다. 성서에 통달했다 하더라도, 역사와 과학을 섭렵하더라도, 이성에 부합한 최신 신학에 통달했다 하더라도 악마와 싸워 본 경험이 없고 그리스도의 보혈로 죄 사함을 받은 실존적 실험이 없다면, 하나님의 음성을 직접 들은 적이 없고 쓰디쓴 심령의 잔을 마셔 본 적이 없고, 우주에 충만한 하나님의 사랑으로 수많은 죄 사함을 받을 때 마음 깊은 곳에서 찬양드린 적이 없다면 아직 전도자로서 사람과 하나님 사이에 서서 죄에서 인류를 구한 그리스도를 전할 자격과 준비가 되지 않은 사람이다.

앞서 말한 번연이나 아우구스티누스가 인류를 감화시

킨 탁월한 힘을 발휘한 것은 그들의 종교가 불 속에서 연단받은 종교였기 때문이다. 어떤 사람이 보스턴의 유명한 설교가였던 필립스 브룩스를 평하길 "그의 설교는 다름 아닌 그 자신이다"라고 했다. 즉 브룩스의 사람 됨이야말로 힘 있는 설교이며 그의 달변과 지식은 이 위대한 임무를 꾸미는 장식물에 지나지 않았다.

　나는 유명한 미국의 유니테리언 목사 한 사람을 방문한 적이 있었다. 그는 학식이나 사람 됨에서 미국에서 손꼽히는 목사였다. 대화가 종교적 문제로 이어지더니 마침내 유니테리언과 정통 기독교의 비교에 이르렀다. 그는 박학하고 공정한 사람이었기에 내 신앙을 존중하였고, 나도 그의 명망을 평소 존경했기에 그의 말을 경청하고자 했다. 이야기를 나누다 보니 그와 나는 공통점이 많았고 다른 점이 극히 적었다. 다만, 우리가 서로 다른 세상에 살고 있음은 발견할 수 있었다. 내가 물었다. "당신의 주장에는 납득되는 점이 많습니다. 다만 하나 내가 만족할 수 없는 부분이 있습니다. 내 마음에는 죄악이 끊일 새가 없습니다. 눈을 감고 안 보려 해도 죄는 끊임없이 나를 따라옵니다. 신경과민 때문이 아닐까 생각해 보았지만, 나뿐 아니라 이러한 어려움으로 역사상 유명한 종교인들 역시 괴로워한 것으로 보아, 꼭 망상이라고 할 수는 없을 것 같습니다. 그래서 나는 유니테리언 교파에서 속죄론에 중점을 두지 않는 것을 이해할 수 없습니다." 그는 이렇게 대답했다. "당신 말이 옳습니다. 내 친구 중에 당신과 같은 경험을 했다는 사람이 여럿 있었습니다. 그러나 나는 어렸을 때부터 지금까지 죄악의 고통이라는 것을 느껴 본 적이 없습니다. 아마 가정교육의 결과거나 내 유전적 이유 때문일지도 모르겠습니다." 나는 그의 관대함에 참으로 탄복했다. 그처럼 좋은 사람과 경험을 달리하는 것이 못내 안타까웠다.

나중에 이런 생각이 들었다. 사람의 종교는 그의 경험 이상이 되지 못한다는 것을. 그렇다. 사람은 그의 경험을 뛰어넘을 수 없다. 만일 누군가의 고백이 자신의 경험을 뛰어넘는다면 그는 위선자다. 종교는 확신이다. 그리고 확신은 직감의 결과이다. 사도 바울이 말한 "우리들은 본 것을 말하고 들은 것을 증거한다"는 1900년이 지나 19세기를 사는 나에게도 실감 나는 말이다. 에머슨(Ralph Waldo Emerson, 노예제도를 반대한 미국의 사상가. 1803-1882)은 "경험은 본문이고 책은 그 해석이다"라고 했다. 성서가 참으로 귀한 책이기는 하지만, 하나님이 직접 나에게 하시는 말씀과 비교하면 하나의 주석에 불과할 뿐이다. 자기 경험을 말하지 않는 설교는 본문이 없는 설교이다. 다른 사람의 주장과 기사를 연결하여 사람의 영혼을 감화할 수는 없다. 하나님을 스스로 뵙기 전에는 전도자가 되면 안 된다.

이제 이 글을 맺기 전에 전도자가 되려는 사람의 나이에 대해 한마디 해도 무방할 것이다. 앞서 말했듯, 경험은 전도자의 토대가 되므로 경험 없는 어린 신도를 종교적 일에 종사시키는 것은 바람직하지 않다. 물론 연소자이지만 교회를 부흥시키는 힘을 가진 사람이 있다는 소리를 들은 적이 있다. 또 하나님의 특별한 은총으로 어린 소녀가 완고한 노인들을 감화시켰다는 이야기를 듣기도 했다. 그러나 이것은 동풍이 불기 전에 온실에서 벚꽃을 피우는 일이다. 사람의 눈을 즐겁게 하고 신기한 느낌도 주지만, 많은 사람들을 나무 아래로 모으고 공중의 새들이 깃드는 일은 속성 전도자들을 통해서 결코 이루어질 수 없다. 예수 그리스도도 30세가 되기까지 나사렛이라는 벽촌에 묻혀서 사셨다. 석가모니도 29세까지 설산에서 고행했다. 무함마드는 40세가 지나서 일어났고, 아우구스티누스는 30세를 넘겨 종교에 입문했다. 물론 개중에는 스펄전(Charles Spurgeon, 영국 침례교 목사. '설교가의 왕'으로 불림. 1834-1892)처럼 19세부터 전도를 한 사람도 있고 키르크 화이트(미상)와 같이 25세에 종교적 일을 완료한 사람도 있다. 그러나 통상적으로 인간의 발달은 30세가 되지 않으면 안 된다. 하여 나는 전도자가 되고자 하는 사람에게 그리스도나 석가모니를 본받으라고 권하고 싶다. 칼라일은 "청년이여, 20세가 될 때까지는 몸을 낮추고 있으라" 했다. 아직 경험이 쌓이기도 전에 전도자로 나서서 동포를 잘못 인도해서는 안 된다. 어떤 소인배가 "지금이 바로 때이다"라고 한다 해도 그 말을 따라서는 안 된다. 하나님의 때는 늘 있다. 하나님은 내가 충분히 성장하기를 바라신다. 물러가 배우라. 머무르려 하여도 머무를 수 없을 때가 반드시 온다. 삼가 옷깃을 여미고 출애굽기 3장 2-15절을 읽어 보라.

# 11.

# 오늘의 어려움에 대처하는 법

나는 오늘 일본의 종교계를 난맥상이라 부르고 싶다. 내 실망이 커서 염세적으로 하는 말이 아니다. 이는 모든 식자의 여론이며 확실한 것을 찾으려는 자들의 결론이다. 오늘 사상계에, 도덕계에, 종교계에 우리를 이끌 지도자가 없다. 따라서 구약성서 사사기가 말하듯, "왕이 없으므로 사람들이 각각 그 눈에 옳다고 보이는 대로 행했다"(삿 21:25)라는 감회를 갖지 않을 수 없다.

옛것은 사라졌다. 돌이킬 수 없는 과거로 사라졌다. 와야 할 새것은 아직 오지 않았다. 노인들은 우리에게서 옛것을 찾고, 젊은이는 우리에게 새로운 것을 바라 마지않는다. 최선을 다하여 구습에 따르면 시대에 뒤처진다. 최선을 다해 새것을 추구하면 세상은 우리를 인정머리 없는 불의한 자라고 한다. 오늘날처럼 처세하기 어려운 때는 일찍이 없었을 것이다. 우리는 실로 어둠 속을 걷고 있다. 우리의 발걸음을 이끌어 줄 경험 풍부한 지도자가 없다. 그들은 이 시대를 살아 본 적이 없기 때문이다. 그러니 어떻게 우리를 이끌 수 있겠는가. 그럼에도 아직 우리를 이끌 큰 빛은 나타나지 않았다. 세상의 선각자라 일컫는 자도 아직 길을 찾아 헤매는 형편으로 우리의 지도자가 될 자격이 없다. 우리는 겨우 한 발 내딛고 다시 두려워 떨며 세상을 살아가는 것이다.

울려라, 신의 나팔이여.
대의여, 와서 우리가 진열을 갖추게 하라.
왕들아, 지도자들아, 나타나라.
기다리는 자들이 너희가 오기를 대망하고 있다. (아서 휴 클러프)

"Sound, thou trumpet of God! come forth,
    Great cause, to array us!
King and leader, appear! thy soldiers
    Sorrowing seek thee."   A. CLOUGH.

그러나 이러한 외침에 대답하는 이는 아직 없다. 이따금 지도자로 보이는 사람이 나타나기도 한다. 우리는 기뻐하며 그를 맞이했다. 그러나 그는 우리를 실망시켰다. "그들은 갈증을 풀어 줄 수 없는 메마른 시냇물이다. 데마의 여행자들과 시바의 행인들이 그것을 바라다가 실망하고 낙심한다. 그리고 부끄러워한다"(욥 6:15, 19-20). 그들은 우리를 공포로 이끌려 하였다. 우리는 참으로 목자 없는 양과 같다. 어두운 심연에서 우리를 이끌어 낼 선장은 아직 나타나지 않았다.

지도자가 없을 뿐만 아니라 우리 일본인은 하나 됨의 마음 자체가 없어 형제가 울타리를 가운데 두고 싸우며 질투와 의심으로 가득하다. 존 스튜어트 밀(John Stuart Mill, 영국의 사회학자. 철학자. 1806-1873)이 "세상에서 가장 질투심이 많은 것은 동양인이다"라고 말한 것은 가소롭기도 하나 일본의 현실을 보면 아주 틀린 말도 아닌 것 같다. 그는 스페인인과 동양인을 비교하면서, 동양인은 질투심으로 영웅과 거인을 추적하여 그들의 삶을 고단하게 하며 그들의 성공을 훼방 놓는 데 주저하지 않는다고 하기도 했다.

나는 일본인의 결점이 지적되는 것이 유쾌하지 않다. 그러나 이런 비평에 변명할 수 없으니 어찌하면 좋을까. 어떤 사업가는 말했다. 일본의 무역업자들이 시장에서 종종 실패하는 까닭은 단결심이 없기 때문이라고. 일본인이 천대해 마지않는 중국인들이 거국적으로 단결하여 외국 상인과 대항하는 모습을 일본인에게서는 찾을 수 없다. 어느 외국인은 일본 사람은 자기 나라 사람을 믿지 못할 뿐 아니라 피를 나눈 형제도 서로 믿지 못한다고 했다. 나라는 당파로 갈리고 당파는 당수에 따라 깃발을 달리하고, 한 깃발 아래에서도 화합할 수 없는 원한과 적의가 가득하다고. 이익에 따라 이합집산하니, 대의명분으로 전체를 다스려 승리로 이끄는 일 따위는 찾아볼 수 없다. 우리에게 회의(懷疑)는 있어도 확신은 없다. 불평을 호소하는 일은 있어도 세상에 드러내 보일 환희와 만족은 찾아볼 수 없다.

우리는 이미 모든 것을 부정했다. 불교는 믿을 것이 못 되고 유교는 이미 진부해졌다, 기독교는 국가에 해악을 끼친다 등등. 이러한 부정의 목소리가 도처에 가득하고 확고한 것은 얻을 수 없다. 우리의 사고 가운데 무엇 하나 부정적이지 않은 것이 없다. 영원한 희망을 둘 어떤 것도 없다. 우리는 무의미한 것으로 살고 있다. 우리가 내놓는 의견은 죄다 소극적이다. 존경할 만한 사람도 없고, 사업도 없다. 숭배해야 할 영웅도 없다. 우리는 바다 위에 떠 있는 고립된 섬과 같다. 심연과 거친 물결이 우리를 포위하고 있는데, 마음을 나눌 것은 없고 우리는 서로 완전히 차단된 상태이다.

이제 혁신의 소리는 들리지 않는다. 사람들은 건설을 갈망한다. 고대 영웅 이야기는 더 이상 들리지 않는다. 우리가 그런 영웅이 되어야 한다. 개량 사업을 일으켜야 한다. 그런데 누가 선두에 설 것인가? 사람들은 서로 이웃을 부추기며 선두자가 되는 위험을 무릅쓰라고 한다. 그리고 용감히 나아가지 못하는 사람을 보면 욕하고, 태만하다고 질책한다. 혁신의 방법도 의견이 구구하다. 방법을 제출한 자도 스스로 실행하기를 꺼린다. 어려움은 다른 이가 담당하라고 재촉한다. 독립이나 희생의 목소리는 우렁차나 그 열매는 빈약하다.

이러한 혼돈의 시대에 허무와 공상에 빠져 살기를 원하는 자가 많다. 우리는 어떻게 참된 영웅이 될 수 있을까? 우리는 어떻게 참되게 건설할 수 있을까? 어떻게 진정한 개혁자가 될 수 있을까? 이것이 바로 오늘날의 문제이다. 물론 이 어려운 문제에 나도 완전한 해답은 없다. 단지 내가 생각해 온 것을 밝히고, 세상과 함께 실행에 옮기길 원할 뿐이다.

⑴ 혁신은 무엇보다 자기부터 시작하지 않으면 안 된다. 많은 것이 녹아 있는 유동체 안에 결정체가 있다 하더라도, 고체 하나를 넣지 않는다면 응고는 시작되지 않는다. 명령을 해도 액체가 변할 리 없고, 질책을 해도 변할 리가 없다. 따라서 자신이 먼저 응결의 기초가 되어라. 그렇다면 나에게서 응고가 시작될 것이다. 만유의 기초 위에 스스로 굳건히 서게 하라. 그러면 나로부터 내 주위에서 저절로 정렬이 시작될 것이다. 이것이 혁신 사업의 큰 비결이다. 개혁자의 특징은 그들의 침묵에 있다. 세상은 늘 영웅을 요구한다. 영웅이 세상을 요구하는 것이 아니다.

에머슨은 따라서 이렇게 말했다.

If the single man plant himself indomitably on his instincts, and there abide, the huge world will come round to him.

만일 한 사람이 확고하게 자신의 소명에 서서 머무른다면, 세계가 그 주위로 몰려올 것이다.

세상을 향해 외치며 스스로를 선전하는 인물들은 혁

신을 맡길 만한 존재가 못 된다.

　(2) 자족할 줄 알아야 한다. 옛 사람은 "자족하여 외부를 향해 기대하는 바 없는 것을 다름 아닌 덕이라 한다" 했다. 군자는 먼저 유유자적하는 여유가 있어야 한다. 그런 사람은 스스로 충만하다. 마음이야말로 자신의 왕국이다. 먼저 스스로 자신의 주인이 되고, 스스로 자기 마음의 왕이 된다면, 그런 사람은 타인의 경배가 필요 없다. 솔로몬은 "자기 마음을 다스리는 자는 성을 공격해 빼앗는 자보다 낫다" 했다. 스스로를 다스리지 못한다면 어떻게 나라를 다스릴 수 있겠는가. 자기 자신을 다스릴 수 있어야 나라와 사회와 교회를 다스릴 기량이 있는 것이다.

　칼라일은 사사 삼손을 두고, "삼손은 정계에 입문하여 통치술을 배운 적이 없다. 그는 다만 순종하는 기술만이 있었다. 그는 도제 실습보다 더한 훈련을 거쳤다. 그 인물 됨 자체에 통치자로서의 성품이 갖춰져 있었다. 그에게는 혼동과 유약함을 싫어하는 마음이 있었다. 이러한 사람은 지도자가 굳이 되려 하지 않아도 자연스럽게 지도자가 된다"라고 했다.

　승마는 먼저 담력을 기르는 데 비결이 있다고 한다. 하물며 사람이 스스로를 다스리는 데 있어서랴. 루터는 늘 라틴어 성구를 외웠다. "In silentio et spe erit fortitudo vestra! 잠잠하여야 구원을 얻고 신뢰하여야 힘을 얻을 것이다"(사 30:15). 사회적 운동을 한다 하며 소란한 다툼 가운데 분주히 뛰어다녀야 안심하는 사람은 아직 혁신가의 성품을 갖추지 못했다. 운동한다는 생각 자체를 먼저 버려라. 잠잠함에서 오는 힘을 맛보라. 그렇지 않으면 당신의 혁신 사업은 혼돈과 분쟁에 머물고, 질서와 건설은 생기지 않을 것이다. 영웅 흉내를 그만두라. 스스로 영웅 됨을 알지 못하는 것이야말로 영웅의 특징이다. 먼저 무한과 교제하는 우주에서 배워라. 하늘의 기운이 들어올 때 당신은 저절로 영웅이 될 것이다.

(3) 자신의 회의(懷疑)를 드러내지 말아라. 회의는 지식의 어머니이다. 그렇지만 회의 그 자체가 지식은 아니다. 우리는 회의의 결과인 지식을 세상에 제공해야 한다. 회의를 서슴없이 떠드는 자는 병증을 호소하는 병자와 같아, 군자의 수치이다.

일반적인 사물이라도 의문을 품고 그 진위가 분명해질 때까지 입 밖에 내지 않는 것이 상식이지 않은가? 하물며 말로서 표현할 수 없는 지존하신 분에 관한 의문이랴. 그런데 그 회의를 끄집어내어 토론하고 논쟁하며 우수한 지능을 드러내려 한다면, 푸르른 가지와 잎, 열매가 아니라 나무를 거꾸로 세워 보기 사나운 뿌리를 드러내는 것과 같다. 거기에는 활동이 아니라 오직 죽음과 재앙만이 있을 뿐이다(칼라일의 《영웅숭배론》에서—저자주).

세상에는 이미 의문이 차고 넘친다. 당신의 의문 하나를 새로이 더 보탤 필요가 없다. 낡은 주장들을 부정해야 한다면, 먼저 마음속에 그보다 우수한 학설을 세운 다음 논박해라. 우주에 "파괴하지 말라"는 법은 없다. 그러나 건설의 방도를 찾지 않고 파괴한다면 우주의 도리에 어긋난다. 만일 파괴하고 싶다면 신념을 걸어야 한다. 단지 시험해 보려고 파괴하는 일은 최악의 부도덕이다.


(4) 당신의 현재 일에 만족하라. 먼저 큰일을 해야겠다는 생각을 버려라. 예레미야가 그의 제자 바룩에게 경고하기를, "너 스스로를 위하여 커다란 일을 꿈꾸는가? 그것을 구하지 말라"(렘 45:5) 했다. 사회의 지도자 되기를 원하면 그 혁신 사업은 성과를 낼 수 없다. 우리에게는 이미 혁신해야 할 분야가 있지 않은가! 입신양명하고자 한다면 먼저

가족을 다스리고 친구를 교화하라. 이웃에게 위로의 냉수 한 잔을 주라. 찾아오는 가난한 사람을 그냥 보내지 말라. 혁신하려는 정신이 있다면 오늘 서 있는 자리에서 할 일은 산더미처럼 쌓여 있다. 세상을 향해 혁신을 외치고자 한다면 먼저 자기 이웃에게서 "너나 혁신하라"라는 말을 듣지 않도록 하라. 영웅이든 대자선가이든 먼저 선량한 남편이자, 아버지, 친구, 이웃이어야 한다. 그런 후에 사회적 인물이 되어야 한다. 오늘에 만족하지 못하고 눈앞의 병폐만 고치려 초조해한다면 사회개량에 종사할 수 없다.

(5) 비평하지 말라. 비평은 사회를 분쟁의 장으로 만든다. 사업의 성공은 잠잠함에 달려 있다. 스스로 사업을 할 수 없거든 형제 비평으로 사업을 방해하지 말아라. 그가 고쳐야 할 바가 있다고 확신한다면 직접 그에게 말하라. 편지를 보내 친절하게 충고하라. 진실하게 어떤 사업을 하는 사람이라면 진실한 충고를 기쁘게 받아들일 것이다. 결코 대중을 향해서 어떤 사람과 사업을 평하여 비평가 노릇을 하려 들면 안 된다. 당신이 고치려 드는 사람과 사업은 그러한 비평으로 어떠한 유익도 얻을 수 없다.

당신은 화재 현장을 본 적이 있는가? 불 속에서 생사

를 걸고 소방 작업을 하는 소방관을 둘러싸고 구경꾼 천 명이 이러쿵저러쿵 비평하는 것을 본 적이 있는가? 아무런 유익도 주지 못하면서 오히려 무정하고 무자비하며, 해로운 일을 한다고 느낀 적이 없는가? 그들은 집에 틀어박혀 나오지 않은 것만 못하다. 그들은 실로 방해물일 따름이다. 혁신이 어찌 그런 사람들에게서 비롯되겠는가? 입을 다물어야 한다. 펜을 들어서는 안 된다. 소방 작업은 그들이 비평하는 그런 장난이 아니다. 만일 소방관의 행동에 불만이 있다면 가서 스스로 불 속에 뛰어들어야 한다. 먼저 소방관이 되기 전에는 함부로 다른 소방관을 비평해서는 안 된다. 어떤 사람이 최근 비평가를 두고 평하기를, "울타리 뒤에 숨어서 사람을 겨냥하는 비겁한 자"라고 했다. 혁신을 바란다면 이렇게 해서는 안 된다. 비평을 좋아하는 것은 부르짖는 혁신이 당신의 진심에서 나오지 않았다는 증거이다. 위선을 행하여 하늘과 사람에게 죄를 지어서는 안 된다.

(6) 우리는 혁신과 진실이 어느 편에 있든 존중해야 한다. 우리가 혁신을 요구하는 까닭은 그 안에 진실이 있기 때문이다. 정치사상이 어떻든, 종교적 신앙이 어떻든 진실한 사람은 영원한 가치가 있으므로 그에게 존경을 표하되

결코 그의 약함을 조롱하거나 어리석음을 비웃어서는 안 된다. 바울이 말하기를, "마지막으로, 형제자매 여러분, 무엇이든지 참된 것과, 무엇이든지 경건한 것과, 무엇이든지 옳은 것과, 무엇이든 순결한 것과, 무엇이든 사랑스러운 것과, 무엇이든지 명예로운 것과, 또 덕이 되고 칭찬할 만한 것이면, 이 모든 것을 생각하십시오"(빌 4:8, 새번역)라고 했다. 혁신은 선행을 권장하는 데서 오며 결점을 지적하는 데서는 오지 않는다. 우리 인간은 불완전한 존재이다. 그러나 아주 불완전한 존재는 아니다. 우리에게는 아직 신성이 깃들어 있다. 이 신성이야말로 우리가 가진 가장 귀한 선물이다. 혁신이란 다름 아니라 이 신성을 부활시키는 것이다. 옛 사람이 말하길, "선이 더해지면 악은 스스로 소멸된다" 했는데 이것이 혁신가의 큰 비결이다. 그런데 우리는 선을 덮고 악을 들추어내려 한다. 어떤 사람이 자선을 하면 "명예 때문에 했다"라고 한다. 열심히 지도하는 사람을 보면 "실없는 말을 한다"라고 한다. 글을 써서 자기 의견을 세상에 내놓으면 "불평을 토로해서 제자를 끌어모으려 한다"라고 한다. 우리는 남의 악한 일을 보는 눈은 있어도 선한 일을 찾는 힘은 없다. 사람은 자기가 가진 것을 다른 사람도 가졌음을 인정할 수 있어야 한다. 만일 타인의 악한 면만 찾아낸다면 우리 자신에게 악한 면이 있다는 큰 증거가 될 것이다. 역사가는 말하지 않던가. 링컨 대통령의 유일한 결점은 다른 사람의 결점을 볼 능력이 없는 점이라고. 이것은 참으로 부러운 결점이다. 존슨 박사(미상)는 "타인의 선한 면만 볼 수 있는 사람은 대부호"라고 했다. 우리가 가난한 이유는 사람의 결점을 지적하는 힘만 있기 때문 아니겠는가.

(7) 실속 없는 명분과 의리를 버려라. 있는 그대로의 자신이 되게 하라. 헛된 명성은 상호 불신을 가져오고 확신과 결정을 어렵게 만든다. 먼저 독립의 명분과 의리를 세워야 독립의 결실이 이루어지는 것이지 허세를 먼저 부리고 그 후에 실권을 잡으려 드는 것은 혁신과 건설의 길이 아니다. 실권은 실력을 넘어설 수 없다. 이름과 실제가 일치해야 한다. 한편에서 힘을 빌려다가 다른 쪽을 향해 독립을 자랑하는 것처럼 외국인에게 급여를 받으며 이름만 단체의 장이 되고 주인이 되는 것은 허약함과 부패의 근본 원인이다. 우리가 가장 약할 때는 헛된 권력을 쥐고 허세를 부릴 때이다. 우리는 외견상의 파괴를 두려워하지 않는다. 쓰러질 것은 쓰러져야 한다. 든든한 집은 반석 위에만 설 수

있다. 사실을 명백히 하고 명실상부하며 넘어질 것은 넘어지는 것이 좋다. 혁신의 첫걸음은 명실, 이름과 실제를 분명히 하는 것이다. 이것을 하지 않고 개량과 진보를 제창한다면 다 쓰러져 가는 낡은 집에 2층을 올리는 것이다. 난맥상의 유익은 헛된 명예와 헛된 권력을 배제시키고 도태시킨다는 점이다. 이것은 뿌리 없는 헛것의 자식이다. 오늘날 암흑 속에서 지적을 분간 못하는 이유는 우리 안에 헛것이 있기 때문이다. 우리는 먼저 헛된 것을 버리고 참된 것을 찾아야 한다. 이런 나를 이웃이 흉내 내고, 우리 집, 우리 당, 우리 교회에 미치면 이것이 다름 아닌 혁신사업이 된다. 내가 먼저 내 참된 자리에 돌아와야 진정한 진보가 시작된다. 아르키메데스(고대 그리스 철학자. 수학자. BC287?-212?)는 말했다. "나에게 지렛대 하나를 다오. 그러면 지구를 움직일 수 있다." 도덕력의 지렛대, 이것이야말로 우리가 내면에서 추구할 것이다. 혁신의 기초는 우리의 도덕력에 있다. 다른 데 있지 않다.

지금은 난맥상이며, 사상계는 암흑시대이다. 그러나 암흑시대도 용도가 있다. 자연은 낮을 주고 또 밤을 준다. 한여름에는 초목이 무성하다가, 엄동설한이 되면 말라 버린다. 암흑과 엄동은 쉼을 위함이다. 밖으로 뻗어 나갈 수 없을 때 속으로 알이 찰 수 있다. 암흑이 우주를 덮어 새들이 둥지에 웅크릴 때, 등잔 밑에, 난로 주변에 일가족이 단란히 모이고 친구들과 마주 앉을 수 있지 않은가. 움직이는 것만이 삶의 전부가 아니다. 찬바람이 몰아치고 눈서리가 깊을 때, 붉은 꽃과 초록 잎이 떨어져 가지만 앙상할 때, 이때야말로 뿌리가 깊어지는 때 아니겠는가. 겨울 없이 봄은 오지 않는다. 이따금 초겨울에 날씨가 따뜻하면 봄이 온 줄 착각한 꽃이 정원에 피어 웃음을 준다. 서구 역사 중세 천 년을 암흑시대라고 한다. 어쨌든 사물의 정체와 사회 혼란이 이보다 심한 때가 없었다고 한다. 그러나 서구는 이때 잠재력을 길렀다. 15세기경부터 문예부흥이 일어나 봄날 천둥이 울리듯, 짐승이 깨어나듯 100년 안에 세계를 뒤바꾼 것은 분명 중세 천 년의 침묵에서 온 것이다. 낮에 할 일을 어두운 밤에 하려는 자는 미끄러지고야 만다. 밤과 겨울은 면학(勉學)의 때이다. 숙고하는 시간이고, 쉬는 시간이다. 밤중에 군대를 진격시키려 한다면 분규가 일어날 수밖에 없다.

플라톤이 고대에 말하기를, "세상은 때로 풍진을 일으켜 울타리 밑에 숨어 폭풍이 지나가기를 기다리게 만들 때가 있다" 했다. 이 말을 곡해하여 청명한 날에 울타리 밑에서 자는 일이 없어야겠다. 그러나 사회의 풍진이 강하여 질서를 제시해도 무익한 때가 있다. 물론 어려운 때에 처하여 나라를 위해 목숨을 바칠 각오는 있어야 한다. 하나님이 나아갈 것을 명할 때 핑계를 대며 책임을 벗으려고는 하지 않을 테다. 그러나 하늘이 준 생명, 우리는 이것을 사회를 위해 아껴야 한다. 목숨을 버릴 때는 최대의 공적을 세울 때이어야 한다. 어지러운 군대 속에 몸을 던져 개죽음 따위는 당하지 말아야 한다.

존슨 홀(미상) 박사는 말하기를, "나에게 만일 10년의 생명이 주어진다면 9년은 공부하고 1년은 일하겠다" 했다. 대기만성이다. "지금이 나설 때이다. 지금이 때이다"라고 외치면서 어린 청년을 부추겨 정치에 나서게 하는 이는 하늘이 빚은 보배를 기왓장처럼 깨 버리는 사람이다. 때는 어떤 시대에도 있다. 쇼규[昨日, 우치무라의 지인이자 소설가인 사이토 고로쿠(佐藤紅綠, 1874-1949)로 추정]가 말하기를, "죽음은 온 마음이 의를 향하는 곳에 정해지고, 삶은 모든 것을 고려하는 지혜를 다하는 가운데 완전해진다" 했다. 죽음은 어렵지만 유익한 삶은 더 어렵다. 지금은 회의, 무정, 냉담의 시대이다. 세상은 희생과 의협을 부르짖으며 정직하고 순박한 사람들을 모험에 끌어들이려 한다. 우리는 보여주기식 영웅이 되어 후세의 웃음거리가 되는 일이 없어야겠다. 불신의 시대는 증거를 요구한다. 그들은 진리와 선한 것을 분별하지 못하기 때문이다. 진실과 선함은 때로는 불이 되기도 하고 물이 되기도 한다. 크롬웰이나 링컨이 되지 않을 수 없다. 그러나 진실과 선함의 특성은 정숙함이다. 평온이다. 소리 없음이다. 우리는 이 소리 없는 심연으로 가서 마실 것이다. 소리 없는 선만을 행할 뿐이다. 소리 없는 눈물을 흘릴 뿐이다. 소리 없는 은혜를 입을 뿐이다.

그렇다. 난맥은 겉모습일 뿐이다. 심연의 깊은 바닥은 지금도 태고의 고요함을 간직하고 있다. 거기에는 영원한 평화가 있다. 영원한 환희가 있다. 영원한 만족이 있다. 영원한 선의가 있다. 때로는 역사의 표면에 나타나 번갯불로 번뜩이고 천둥으로 울리기도 한다. 이처럼 세상의 이목을 놀래키는 것은 깊은 마음속 무한한 생명력이 때와 장소에 따라 고양되는 은은한 빛이고 여운일 뿐이다.


Calm Soul of all things! Make it mine
　　To feel, amid the city's jar,
That there abides a Peace of Thine
　　Man did not make and cannot mar.

고요하신 만유의 하나님이시여,
저잣거리의 소란 속에서
저들이 결코 깨뜨릴 수 없는
당신의 평화를 느끼게 하소서.

# 옮긴이 후기

주지하다시피 한국 개신교는 사회가 교회의 앞날을 우려하는 정도에 이르렀다. 2023년에 한국기독교목회자협의회가 실시한 '종교생활과 신앙의식 조사'에 의하면, 현재 개신교를 믿는 인구는 2015년 통계청 '인구주택총조사' 때의 967만여 명에 비해 약 200만 명이 감소한 771만 명인 것으로 나타났다. 또한 교회에 나가지 않는, 이른바 '가나안 성도'의 비율은 전체 개신교인 가운데 29.3%로 약 226만 명에 이른다고 한다.

총인구 대비 개신교인의 수는 감소한 반면 '가나안 성도'들의 비율은 계속해서 증가하고 있음을 두 통계를 통해 알 수 있다. 개신교의 사회적 공신력의 실추는 교세 감소로 나타날 뿐만 아니라, 개신교 안에 머물고 있으나 교회에는 출석하지 않는 '가나안 성도'들의 증가를 초래하기도 했다.

이러한 사태의 근본 원인은 신앙을 특정 의식 준수나 지식, 정보 습득 혹은 취향이 같은 사람들이 모인 클럽으로 착각하고, 또 전도를 말만으로 가능한 손쉬운 일로 보았기 때문일 것이다.

이러한 공신력 추락은 코로나 사태와 정치화된 극단적 우익 개신교 진영 출현으로 더욱 가팔라졌다. 개신교의 자기 쇄신이 어느 때보다 절실한 때이다. 자기 쇄신의 방법은 다양하겠으나, 참기독교인다운 기독교인이 한 사람이라도 나오는 것에 만사가 수렴될 것이다.

한국 개신교와 상황은 달랐어도 약 130년 전 우치무라 간조 역시 문제의식은 같았으리라. 그는 참다운 기독교인을 기르기 위해 무엇보다 필요한 것은 '참된 전도자'라고 보았다. 이러한 문제의식에서 1894년 《전도의 정신》이 나왔다. "전도는 언어의 전달이 아니고, 정신을 쏟아붓는 것으로 자기를 비움으로써 타인을 채우는 것"으로 전도만큼 어려운 일은 없다고 생각했기 때문이다.[1]

《전도의 정신》은 전도는 어떠한 정신에 기초하며, 전도자에게 요청되는 자질은 무엇인가를 논한 책이다. 그는

1  內村鑑三, 〈眞正の傳道〉, 《內村鑑三全集》(이하 全集으로 표기) 14권, 岩波書店, 1994, 265.

"똑같은 전도라 하더라도 여기에 임하는 사람의 정신은 결코 같지 않다. 가장 질 낮은 정신이 있고, 가장 고상한 정신이 있다. 전도의 성패는 오로지 여기에 종사하는 사람의 정신에 달려 있다"라고 단언한다.

그는 오직 그리스도를 앎으로써 자신이 누리는 구원의 기쁨을 이웃에게 전하려는 '이웃 사랑의 정신'만을 전도의 순수한 정신으로 인정했다. 부국강병과 나라의 서양화를 위해 전도한다 하는 자, 하나님을 끌어들여 자신의 욕망을 정당화시키며 '하나님의 영광을 위해 전도한다' 하는 자, 교회의 존재 이유와 사명을 숙고하지 않고 '교회를 위해 전도한다' 하는 자, 자신의 명예를 위해 전도하려는 자, 국제 기독교 조직을 통해 이익을 얻고자 전도하려는 자 등등 모든 다른 의도는 비본질적이라고 거부했다.

우치무라는 이상적 전도자의 자격을 논했다. 전도자는 무엇보다도 자신의 전 존재 안에서 하나님을 만나야 한다고 보았다. "하나님을 뵙기 전에는 전도자가 되지 말라. 사람의 종교는 그의 경험을 넘어설 수 없다. 그렇다. 넘어설 수 없다. 만일 그의 고백이 그의 실험을 넘어선다면 그는 위선자다. 종교는 확신이다." 자기도 알지 못하는 신을 어떻게 전하겠는가. 우치무라는 단순한 교리나 의식, 조직

내 인간관계가 아니라 자기 존재의 실험을 거쳐 신을 안 자만이 전도자의 자격이 있다고 보았다.

두 번째로 우치무라는 자신을 먼저 혁신하려는 자만이 전도자가 될 수 있다고 했다. "혁신은 자신에게서 시작되어야 한다. 세상을 향해 혁신을 부르짖는 자는 먼저 그 이웃에게서 당신이나 혁신하라는 소리를 듣지 않도록 힘써야 한다. 영웅이나 대자선가들은 먼저 선량한 남편이요, 아버지요, 벗이요, 이웃이었다. 그 후에 사회적 인물이 되었다. 오늘에 만족하지 못하고 눈앞의 병폐만 고치고자 초조해한다면 사회계량에 종사할 수 없다." 먼저 자신의 삶에서 신을 만나고 신과의 일치를 삶에서 증거하려는 생활 경험을 가진 기독교인만이 전도자의 자격이 있다.

마지막으로 그는 전도자가 갖춰야 할 지적인 자질에 대해 이렇게 말했다. 첫째, 경제학, 사회학 등의 사회과학 연구가 필요하다. 왜냐하면 크게는 하나님이 정하신 진리로 사회를 이끌려 하고, 작게는 자신이 목회하는 신자들에게 사회생활에 적절히 대처하며 올바른 선택을 하도록 목회적 조언을 하려면 사회를 지배하는 원리와 법칙을 알아야 하기 때문이다. 둘째, 과학에 대한 이해가 필요하다. 물질의 원리와 법칙 이해는 하나님의 창조 세계를 올바로 이해하는 데 없어서는 안 되는 것이다. "과학이 없는 신학은 몸 없는 영혼과 같아서, 우리가 몸을 가지고 사는 한 이 같은 신학으로 양성되어서는 안 된다."

셋째, 역사학 연구이다. 역사를 통해 과거를 생각하고 미래를 통찰하여 인류 전체의 움직임을 꿰뚫어 볼 수 있기 때문이다. 또한 역사를 통해 인류의 보편성과 관용을 배움으로 종교인이 빠지는 가장 큰 유혹의 하나인 '독선'이 극복되기 때문이다. 넷째, 원문의 의미를 정확하게 파악하고 그 정신을 살려 현실에 올바로 적용하도록 성서에 정통하는 것이다.

정리하자면 우치무라는 전도자에게 요구되는 지식으로서 '하나님에 관하여—성서, 사람에 관하여—사회과학, 창조 세계에 관하여—과학 지식이라는 삼위일체가 필요'하다고 보고, "이 중 하나라도 빠지면 나머지를 충분히 이해할 수 없다. 세 가지가 합쳐질 때 건강하고 균형 잡힌 지식을 구비하게 된다" 했다. 전도자라면 성서, 사회과학, 자연에 대한 폭넓은 지식을 갖추어 하나님이 창조하신 모든 영역이자 인간이 사는 모든 영역인 이 세상을 올바로 이해하고 책임 있는 응답을 하라는 것이다. 전도자는 전 존재로 하나님께 응답하고, 성서를 통해 하나님을 올바로 이해하고 증거하는 신앙의 사람일 뿐 아니라, 시민적 소양과 식견을 갖추어야 한다고 우치무라는 본 것이다. 전도자는 모든 면에서 일반인을 넘어서야 하며 결코 그 수준에 못 미쳐서는 안 된다고 역설한 것이다.

전도의 정신과 전도자의 자격, 지적 자질에 대한 우치무라의 주장은 위기를 맞은 한국 개신교계, 특별히 전도자를 양성하는 신학대학들이 귀담아들어야 한다. 성서는 말한다. "어떻게 소경이 소경을 인도할 수 있습니까? 둘 다 구렁텅이에 빠지지 않겠습니까?"(눅 6:39) 오늘날 위기의 근본 원인은 '소경이 소경을 인도하여 구덩이에 빠진 결과'와 다르지 않다고 할 수 있다. 우치무라는 '구덩이에 빠진' 때는 '쓰러질 것은 쓰러지고 넘어져야 할 것은 넘어지는' 유익함이 있는 시대로 본다. '밤과 겨울'의 시대는 '면학과 숙고'를 통해 안으로 영글어야 할 시기이다.

끝으로 이 책이 나오는 데 도움을 주신 분들께 감사의 마음을 전하고 싶다. 책의 번역을 흔쾌히 허락해 주신 홍성사 정애주 사장님의 변함없는 후의와 응원에 깊이 감사드린다. 원고를 꼼꼼히 읽고 교정해 주시고 적절한 조언을 보내 주신 김준표 님께도 마음으로부터 사의를 전하고 싶다. 또한 다시 원고 작업이 가능하도록 나의 건강을 회복시켜 주신 강선구 선생님과 권태엽 선생님께도 깊은 감사를 드린다.

2024년 1월 13일
이화 인문관에서
양현혜

# ─ 우치무라 간조에 대하여

우치무라 간조는 1861년에 태어나 1930년에 소천한 일본
의 저명한 기독교 사상가이자 사회평론가, 저술가이다. 그
리고 무엇보다도 일본 무교회주의 창시자였다. 그가 살았
던 시기의 전반기는 일본이 농업문명에서 서구자본주의
체제로 이행해 가는 문명전환기였으며, 후반기는 제국주
의적 군국주의를 기조로 한 천황제 전쟁국가였다. 이러한
일본의 시대적 상황 속에서 17세에 기독교에 입신한 후로,
우치무라의 삶에서 가장 중요한 화두는 보편적 기독교와
개별적·구체적인 일본을 어떻게 관계시켜야 하는가, 즉
예수와 일본(Jesus and Japan=두 개의 J)이라는 문제였다. 이를
두고 우치무라는 후일 다음과 같이 말했다.

나는 두 개의 J를 사랑하고 그 외의 다른 것을 사랑하지

않는다. 하나는 예수(Jesus)이고 또 하나는 일본(Japan)이다. 예수인가 일본인가, 나는 그중 어느 쪽을 보다 더 사랑하는지 알지 못한다. …… 나는 모든 친구를 잃을지도 모른다. 그러나 나는 예수와 일본을 잃는 일은 없을 것이다. …… 예수와 일본, 나의 신앙은 하나의 중심을 가진 원이 아니다. 그것은 두 개의 중심을 가진 타원이다. 나의 심정과 지성은 이 두 개의 사랑하는 이름 주위를 회전하는 것이다. 그리고 그 하나가 다른 하나를 강하게 하는 것을 안다. 예수는 일본에 대한 나의 사랑을 강하게 하고 고결하게 한다. 그리고 일본은 예수에 대한 나의 사랑에 명확한 목표를 부여한다. 이 두 개가 없다면 나는 단순한 몽상가가 되거나 광신자가 되어 무정형(無定形)의 인간이 되었을 것이다.[1]

그의 모든 사상적 고투와 실천활동은 이 '두 개의 J'라는 중심을 가진 '타원'을 둘러싼 활동이라고 할 수 있을 것이다. 이하에서는 '두 개의 J' 사상과 무교회주의를 중심으로 그의 발자취를 추적해 보고자 한다.

---

1  內村鑑三, 〈二つの J〉, 全集 30권, 56.

# 1장. '두 개의 J'[2]


## 1. 입신과 회심


우치무라는 1861년 타카사키번(高崎藩)에서 무사의 아들로 태어났다. 타카사키번은 1868년 명치유신 당시 도쿠가와 막부 편에 서서 유신 정부 성립에 저항하였기 때문에 몰락의 운명을 맞았다. 우치무라는 이렇게 몰락한 무사 집안의 장남이었다. 가계에 부담을 주지 않고 학업을 계속하기 위해 그는 1878년 삿포로(札幌) 농학교에 전액 장학생으로 입학했다. 삿포로 농학교는 1876년 미국 매사추세츠 주 농과대 학장인 클라크(W. S. Clark)를 초빙하여 세워진 유수한 농학 전문 교육기관이었다. 무엇보다 인간 교육에 중점을 두던 클라크는 학생 각자의 '자주, 자행'(自主自行) 정신을 강조하며 그 기초로서 성서를 사용했다. 1877년 3월에는 '예수를 믿는 자의 서약'을 작성해 제1기생 16명 전원이 서

---

2    양현혜, "우치무라 간조와 '두 개의 J'", 〈장신논단〉, 2015, Vol. 47 No. 1을 수정, 가필한 것이다. 보다 자세한 것은 양현혜, 《우치무라 간조, 신 뒤에 숨지 않은 기독교인》(2017, 이대출판문화원) 참고.

명하도록 했다. 삶과 인격으로 모범을 보인 클라크의 기독교 신앙과 윤리적 이상주의에 감복한 이들 제1기생들은 우치무라 등의 제2기생에게도 기독교에 들어올 것을 집요하게 권유했다. 이에 우치무라도 1878년 12월에 서명하고 기독교인이 되었다. 그는 동료 7인과 함께 1879년 감리교 선교사인 해리스(M. C. Harris)에게 세례를 받았다.[3]

당시 삿포로에는 교회가 없었기 때문에 우치무라는 친우들과 함께 '7인 형제의 작은 교회'를 만들었다. 이 작은 교회는 제도상 완전히 민주적으로, 7인의 회원은 권위와 의무에서 모두 평등했다. 그들은 집회 주도를 각자 순번으로 맡으면서 주 3회 모였다. 7인 중에 당번 한 사람이 그날의 목사이자 사제요 교사이자 사감이었으며, 정각에 모두를 소집하는 책임도 맡았다. 그의 방은 모임을 위한 교회가 되었다. 모임은 매우 단순했다. 아무런 의식도 특별한 비품도 없었다. 목사가 개회기도를 하고 이어 성서를 낭독한 후 짧은 설교를 했다. 목사의 이야기가 끝난 후에 교회원들은 다과를 나누며 설교에 대해 담화를 나눴다. 이 '7인 형제의 작은 교회' 경험을 우치무라는 이후 반복해서 커다란 애착

---

3  海老澤有道·大內三郎, 《日本基督教史》, 日本基督教團出版局, 1983, 378-379.

을 가지고 언급하곤 했다.

그런데 이 작은 삿포로에 두 선교사가 나타나 자파의 교회를 세워 농학교 학생들을 집중적으로 전도하기 시작했다. 감리교파와 감독파 사이에서 전개된 극심한 경쟁은 이들 7명을 크게 괴롭혔다. 그들은 이 작은 마을에 두 교회가 생기면서 나타나는 교파주의의 병폐를 보았다. 이에 그들은 감리교에서 분리된 독립교회를 형성하고자 감리교 자금을 빌려 지극히 단순한 조직의 교회를 세웠다. 그들은 사도신경을 채용하고 교회규율은 클라크 박사의 '예수를 믿는 자의 서약'에 근거했다. 교회 운영은 5명의 위원회에서 이루어지고, 회원의 입회, 퇴회처럼 '서약'에 명기되지 않은 문제는 전 교회원 3분의 2의 찬성투표가 요구되었다. 때문에 교회원 한 사람 한 사람이 교회를 위해 상당한 헌신을 요구받았다.[4]

그런데 이 무교파적 단순함과 독립이 감리교 교회 당국을 분노케 하여 빌려주었던 자금을 갑작스레 갚아야 했다. 결국 교회원들은 막대한 희생을 치르고 부채를 갚은 후에야 진정한 독립을 얻는다. 10년 후, 우치무라는 이때의

4   스즈키 노리히사, 《우치무라 간조》, 김진만 옮김(소화출판사, 1995), 24-25.

싸움을 이렇게 쓰고 있다.

> 우리는 이제 이자 없이 2년간 그 돈을 쓸 수 있도록 해
> 준 도움의 손길에 감사하는 마음 외에는 그 누구에게도
> 빚이 없다는 사실에 감사했다. 우리 교회의 자립을 한
> 때 우리가 속했던 교단에 대한 공개적인 반항이라고 해
> 석한다면 이건 분명 잘못이다. 그것은 우리가 추구하는
> 하나의 위대한 목표, 즉 하나님이 주신 우리의 힘과 능
> 력을 온전히 자각하고 영혼의 구원을 얻기 위해 하나님
> 의 진리를 찾고 있는 사람들 앞에 놓인 장애물을 치우
> 기 위해서 행한 겸손한 시도였을 뿐이다. 자신을 의지
> 할 줄 아는 사람만이 얼마만큼의 일을 스스로 할 수 있
> 는지 안다. 의존적인 사람은 이 세상에서 가장 무력한
> 존재이다. 자립할 능력이 없다고 불평하는 많은 교회들
> 을 살펴보면, 쓸데없는 사치에 많은 돈을 쓰고 있는 교
> 인들이 있다. 교인들이 취미 생활 몇 개만 줄일 수 있다
> 면 많은 교회가 자립할 수 있다. 나는 이러한 자립이야
> 말로 인간의 행동 영역 속에서 또 다른 많은 가능성을
> 실현하는 시발점이라고 믿는다.[5]

이렇게 독립 교회를 형성하고 자립을 중시했던 우치무라의 경험은 이후 그가 서양의 전통적인 '교회' 형식에 구속되지 않고 그것으로부터 해방되어 기독교를 사유할 수 있는 사상적 배경이 되었다.[6]

1881년 7월 우치무라는 삿포로 농학교를 졸업한다. 입학 이래 수석을 해온 그는 '하나의 과학으로서의 어업'이라는 졸업 연설을 했다. 그리고 스승들에게 감사를 표하고 후배들을 격려한 다음 동기생들을 향해 다음과 같은 말로 끝을 맺었다. "지금 나는 본교를 졸업한다고 하지만 결코 안일에 빠지지 않고 이제부터 간난(艱難)의 길로 들어서려고 한다. 오늘은 그 간난의 길의 문턱에 서 있다. 제군이여, 안일에 만족하지 말고 북해의 해변에 몸을 던져 죽겠다는 초지를 버리지 말자"라고 했다.[7] 습득한 과학적 지식과 기독교적 윤리로 신일본 건설에 이바지하려고 하는 명치 청년 우치무라의 기개가 잘 나타나 있다.

졸업식을 마친 그는 친우들과 함께 삿포로 가이라쿠엔(偕樂園) 공원에 가서 장차 '두 개의 J', 즉 예수(Jesus)와 일

5   우치무라 간조, 《우치무라 간조 회심기》, 양혜원 옮김(홍성사, 2008), 122-123.
6   海老澤有道 · 大內三郎, 앞의 책, 379.
7   우치무라 간조, 앞의 책, 122-123.

126

본(Japan)에 한 몸을 바칠 것을 서약했다. 그의 평생의 사상과 실천의 중심이 된 '두 개의 J'가 발아되기 시작한 이때 그는 20세였다.

## 2. 미국 체험과 일본의 발견

졸업 후 우치무라는 삿포로현의 관리가 되었으나 부패한 관리 세계에 실망하여 결국 사직했다. 그리고 이어 결혼했으나 6개월 후 파국을 맞았다. 마음의 상처를 치유하고 동경했던 기독교국인 미국도 체험하고자 1884년 11월 그는 미국으로 떠난다.

약 3년간 체류한 미국에서 그는 몇 가지 선물을 받는다. 첫 번째는 회심 체험이었다. 윤리적 일신교로서 기독교를 이해했던 우치무라는 도덕적 완성을 이루어 구원에 이르려는 사투를 계속했다. 개개의 과실이나 실책으로 이해된 '죄'를 이기려 분투한 그는 최종적으로 정신박약 아동을 돌보는 자선 행위로 도덕적 완성을 이루고자 했다. 그러나 자선을 통해 자신의 도덕적 우월함을 증명하고자 하는 자신 안의 뿌리 깊은 '자기중심성'에 절망하고 만다. 이러한 우치무라에게 기독교의 속죄 신앙을 깨닫도록 도운 인물은 그가 진학한 애머스트 대학(Amherst College)의 실리(Julius Hawley Seelye) 총장이었다. "우치무라, 자네는 마음속만 보니까 안 되는 거야. 밖을 봐야 해. 자기 성찰은 그만두고 십자가에 달려 자네 죄를 용서해 주신 예수님을 왜 바라보지 않는가. 자네는 나무를 화분에 심어 놓고 자라는 걸 보려고 매일 그놈을 뿌리째 뽑아 보는 어린아이와 같아. 왜 하나님과 햇빛에 맡기고 맘 편히 자네의 성장을 기다리지 않는가."[8] 전형적인 속죄신앙을 표현하는 이 한마디가 1886년 3월 8일 우치무라 회심의 기반이 되었다.

그날의 일기에서 그는 자신의 회심을 이렇게 기록했다. "나의 생애에서 참으로 중대한 날이다. 그리스도의 속죄의 힘이 오늘처럼 명료히 계시된 적이 일찍이 없었다. 하나님의 아들이 십자가에 못 박혀 죽으신 일 안에 지금까지 내 마음을 괴롭히던 모든 난문제의 해결이 있었다. 그리스도는 내 모든 부채를 갚아 주시고 나를 타락 이전의 최초의 청정함과 결백함으로 되돌려주셨다. 이제 나는 하나님의 자녀이고 내 의무는 예수를 믿는 것이다."[9] 정신적 고뇌로 괴로워하던 그는 구원을 얻기에 합당치 않은 자신의 도덕

---

8    海老澤有道 · 大內三郞, 앞의 책, 379.
9    스즈키 노리히사, 앞의 책, 25.

적 무자격성에도 불구하고 그리스도의 십자가 대속의 공로를 받아들이는 믿음으로 자신을 의롭다 인정하는 신의 사랑을 받아들인 것이었다. 행위가 아니라 그리스도의 대속을 믿음으로 구원받는다는 '신앙의인'의 속죄론을 자신의 신앙적 고투를 통해 체험한 것이었다. 속죄 신앙을 자신의 실존적 체험 속에서 '진리'로 받아들인 그는 25세에 진정한 회심을 경험하게 되었다.

그의 회심 체험은 기독교 이해를 근본적으로 변화시켰다. 우치무라는 "순결하고 단순한 기독교와 장식되고 교리화된 기독교를 엄격하게 구분해야 한다"라고 생각하기에 이르렀다.[10] 즉 하나님의 아들로 인해 인간이 받은 속죄의 은혜를 통한 '구원'이 '기독교의 정수'였다. 교황, 주교, 목사, 성전, 성당, 교회, 교리 등 그에 따르는 부속물 혹은 그 위의 상부 구조 등은 기독교의 필수 요소가 아니었다. 따라서 그는 속죄 신앙을 중심으로 하는 기독교의 본질과 그 외 역사적 필요에서 만들어진 형식은 준별할 필요가 있다고 보았다. "문제의 핵심은 그리스도이시며, 사람이 그리스도를 받아들이는 방식은 서로 다르기 마련"이라고

10  스즈키 노리히사, 앞의 책, 37.

본 그는 기독교 선교에서 본질을 제외한 형식은 각 문화의 다양한 형식으로 존중되어야 한다고 보았다. "미국 국교나 영국 국교를 마치 기독교인 양 우리에게 강요"하는 것은 정신적 폭력으로, 일본 기독교는 서구적 기독교로부터 독립하여 어디까지나 그 본질에 충실해야 한다고 본 것이다.[11] 그의 '일본적 기독교' 모색의 맹아가 싹트는 것이었다.

한편 미국 체험은 기독교국 미국의 현실을 직시하게 했다. 그에게는 기독교국 미국에 대한 환상이 있었다. 미국은 성지(聖地) 그 자체였다. 그러나 배금주의와 인디언·아프리카인·동양인에 대한 극심한 인종 차별, 도박, 광범위한 술 거래, 교단 간의 질투, 정치적 선동, 위선, 신에 대한 모독적 말 등의 위악은 그의 '유아적 환상'을 서서히 무너뜨렸다. "이것이 기독교가 타종교보다 탁월하다는 증거라고 선교사들에게 배운 그 문명이란 말인가? 그들은 그렇게 뻔뻔하게 유럽과 미국을 만든 종교는 위로부터 온 종교가 틀림없다고 우리에게 선언했단 말인가? 소위 오늘날의 기독교 국가라는 것을 기독교가 만들었다면, 하늘의 영원한 저주가 그 위에 놓일지어다! 기독교 국가에 평화란 찾아볼

---

11  우치무라 간조, 앞의 책, 223.

수 없다. 소란과 번잡, 정신병원과 교도소 그리고 구빈원(救
貧院)이 있을 뿐이다!"라고 그는 탄식했다.[12] 그에게 미국은
'이교국' 이상으로 '이교적'이었다.

한편 우치무라는 기독교국 미국의 현실에 대한 비판
적 시각으로 조국 일본을 재발견했다. '두 개의 J'에 충성하
기로 생애의 과제를 삼았음에도 미국에 가기 전까지 그의
심상에서 조국 일본의 이미지는 초라하기 짝이 없었다. 조
국 일본은 "아무짝에도 쓸모없는 나라로 비쳐졌다. 내 조
국은 외국인 선교사들이 와서야 비로소 선해질 수 있는 이
교도 나라에 불과했다. 하늘에 계신 하나님께서는 이 나라
를 대수롭지 않게 여기셨다. 그토록 오랜 세월 동안 이 땅
을 완전히 악마의 손에 내버려 두셨다. 우리나라의 도덕적
혹은 사회적 결함에 대해 듣는 동시에 미국이나 유럽은 그
렇지 않다는 말을 끊임없이 들었다. 일본이 매사추세츠나
영국처럼 될 수 있을지 나는 매우 의심스러웠다. 심지어 일
본이 흔적도 없이 사라진다 해도 세상은 결코 더 나빠지지
않을 것"이라고 생각할 정도였다.[13]

그런데 이교 국가 일본 이상으로 비기독교적 미국의

---

12  우치무라 간조, 앞의 책, 275-276.
13  우치무라 간조, 앞의 책, 231, 300.

현실을 목격한 그는 이전까지 서구에 품고 있던 열등의식에서 해방되었다. 그리고 기독교의 손에 물들지 않은 이교국에는 끝없는 희망이 있다는 새로운 눈으로 일본에 기대를 걸게 된다. 그에게 일본은 "자체적으로 역사적 개성을 가지고 우주 속에서 확고한 자리를 차지하고 있는 진정한 의미에서의 조화로운 아름다움을 가진 나라"로 "민족으로 존재하는 것도 하나님의 섭리에 의한 것이요, 세계와 인류에 대한 나름의 사명은 분명히 선포됐으며, 지금도 선포되고 있다. 우리나라가 높은 이상과 고귀한 야망을 가지고 세계와 인류를 위해 존재하는 신성한 실체"로 재발견되었다.[14] 미국과 마찬가지로 일본 역시 신의 섭리 속에서 독특한 장점과 사명을 가진 아름다운 나라임을 발견한 것이다. 그리고 이 발견은 기독교에 입신한 이래 손상되었던 그의 민족적 자긍심을 회복시켰다. 1886년 12월 5일의 일기에는 신의 섭리 속에서 조국 일본의 고유한 가치를 발견한 감격이 토로되어 있다.

하나님의 섭리가 내 조국에도 미친다는 생각에 깊은 감

14 우치무라 간조, 앞의 책, 167.

명을 받았다. 모든 좋은 선물이 하나님께서 주신 것이라면, 내 동포들의 칭찬할 만한 몇몇 면모들은 위로부터 온 것임이 분명하다. 우리의 고유한 은사와 혜택으로 하나님과 세계를 섬겨야 한다. 하나님은 2천 년 동안 노력해서 얻은 우리의 민족적 특성이 미국과 유럽의 사상으로 완전히 대체되는 것을 원치 않으신다. 기독교의 아름다움은 기독교가 하나님이 각 민족에게 주신 모든 독특한 특성을 거룩하게 만들어 준다는 데 있다. 일본도 동일한 하나님의 민족이라니 이 얼마나 복되고 격려가 되는 말씀인가![15]

여기에는 일본 역시 신의 섭리 아래 있고 서구에 의해 대체될 수 없는 일본만의 독자적인 미덕을 가지고 세계사에 기여해야 한다는 그의 일본인으로서의 자각이 잘 드러나 있다.

이렇게 미국과 일본의 재발견으로 그는 세계사에 계시되는 하나님을 발견한다. 삿포로에서 기독교에 입신했을 때 우치무라의 관심은 주로 신약성서에 집중되어 있었

---

15  우치무라 간조, 앞의 책, 175.

다. 그러나 이제 그는 세계사를 주관하는 신을 구약성서 예언서에서 발견한다. "나는 일찌감치 예언서들을 이해할 수 없는 책으로 분류해 놓았다. 예언서들에 관해 쓴 책은 읽었지만, 선지서 자체는 읽지 않았다. 그런데 보라! 놀라운 책이로다! 너무도 인간적이며, 너무나 공감이 되고, 미래 예언은 거의 없고 현재에 대한 경고가 가득한 책이었다! 기적 하나 없이 기록된 책 속에서, 예레미야는 마치 인간의 모든 강점과 약점을 보여 주는 듯했다. '위대한 사람은 전부 예언자라고 불릴 만하지 않을까?' 하는 생각이 들었다. …… 나는 예레미야에게 말씀하신 바로 그 하나님이, 우리나라의 몇몇 사람들에게도 말씀하셨다는 결론에 도달했다. 비록 예레미야에게만큼 분명하게 들릴 수 있는 말은 아니지만 말이다. 하나님은 당신의 빛과 인도 하나 없이 우리를 그냥 내버려 두시지 않고 사랑을 주신다. 가장 기독교적인 민족을 보살피신 것처럼 그 오랜 세월 동안 우리도 돌보셨다. 이런 생각은 내게 형용할 수 없을 정도로 격려가 되고 힘이 되었다. …… 이때부터 2년간 나는 성경에서 예언서 외에는 거의 읽은 것이 없다. 나의 종교적인 사상 전반이 예언서 때문에 바뀌었다."[16] 예언서를 통해 우치무라는 모든 나라는 신의 창조물로서 신은 각 나라의 역사에 예언자를 보내 그들을 인도했고 예언자들은 사회와 정치의 기본적인 덕들을 가르쳐 주었다고 생각하게 되었다. 이제 그는 섭리사관의 빛 아래에서 각 나라의 역사를 보고, 일본의 세계사적 사명과 미덕을 생각하게 된 것이다. 이러한 점에서 섭리사관은 그의 애국심을 신앙적으로 근거 지웠을 뿐만 아니라 그것이 자기중심적인 맹목적 애국심이 아니라 신의 섭리 안에 존재해야 한다는 방향성도 제시해 주었다.

3년간의 미국 생활에서 우치무라는 속죄신앙과 미국과 일본을 재발견한 것이다. 그리고 신의 섭리사 속에서 일본이 자신의 소명을 다하도록 기독교를 전하는 것이 '두 개의 J'에 대한 자신의 헌신이 되어야 한다고 보았다. 그렇다면 그가 전하려던 기독교는 어떠한 것이었는가.

우치무라는 '이교도들은 새까만 칸으로, 개신교 기독교인들은 하얀 칸'으로 나타내는 그림을 서구 기독교인들이 그리지만, 기독교 국가와 소위 말하는 '이교 국가'는 단순히 이분법적으로 구분될 수 없다고 보았다. 그는 '이교 국가'에도 '고귀함과 신성함, 그리고 그리스도와 같은 면모'가 있다고 보았다. 이교 국가의 정신적 전통에는 기독교

16   우치무라 간조, 앞의 책, 175-176.

가 유입되기 이전에 예언자들을 통해 신이 배양한 이러한 복음전사적(福音前事的) 요소가 분명히 있고 바로 이러한 전통 때문에 기독교 선교도 가능해진다고 보았다.[17] 따라서 그는 불교나 유교로 대표되는 일본의 정신적 전통 속 복음 전사적 미덕을 포기하지 말고 그것에 기독교의 복음을 접붙여야 한다고 보았다. 기독교는 일본의 고유한 미덕을 폐하지 않고 완성시켜야 한다고 본 것이다. 일종의 '포괄적 성취론'의 입장에서 일본의 정신적 전통과 복음의 관계를 이해한 것이었다. 이 입장에서 그는 일본에 기독교를 전할 때 무엇보다 일본의 정신적 전통을 존중하며 그것을 창조적으로 완성시키는 기독교를 모색하는 태도가 중요하다고 보았다.

또한 우치무라는 기독교 전도는 외국의 경제적 원조에 의지하지 말고 경제적 독립 위에서 이루어져야 한다고 생각했다. 왜냐하면 "참된 독일인치고 이탈리아인이나 프랑스인 성직자의 지배를 달가워하는 자가 하나도 없듯이, 참된 내 동포들도 외세의 영향이라면 어떠한 종류라도 그 속박을 싫어한다. 국가의 명예를 생각하는 이런 양심적인

---

17   우치무라 간조, 앞의 책, 234.

태도에서 벗어나려고 자유방임이나 보상과 같은 경제 원리의 도움을 불러들이는 것을 우리는 천박하게 여겼고, 심지어 국가적 자립에 위협이 되는 것으로까지 보았기" 때문이었다.[18] 그는 서구적 기독교로부터 '정신·물질 두 가지 측면에서' 완전히 독립된 기독교를 일본에 전하기를 원했다. 일본의 정신적 전통에 뿌리를 내리며 그것을 완성시키는 기독교가 어떠한 것인지는 이 시기에 아직 구체화되지 않았다. 그러나 서구적 기독교를 그대로 이식할 것이 아니라, 속죄 신앙을 중심으로 '본질적 기독교'가 일본 정신 전통에 접목되어야 한다는 큰 그림은 그려졌다고 할 수 있다. 그리고 그 큰 그림 안에서 '두 개의 J' 간 결합은 더욱 촉진된다. 애머스트 대학 시절 애용하던 성서에 영어로 적은 자신의 묘비명이 그 점을 잘 대변해 준다. "I for Japan(나는 일본을 위해), Japan for the World(일본은 세상을 위해), The World for Christ(세상은 예수를 위해), And All for God(모두는 신을 위해)."[19]

1888년 5월 우치무라는 일본으로 돌아온다. 그는 고국에 돌아와 자기 집에 도착한 실감을 "여기야말로 내가

18   우치무라 간조, 앞의 책, 201-205.
19   우치무라 간조, 앞의 책, 221-222.

나의 것이라고 불러도 좋은 장소이고 이 장소를 매개로 해서 나는 이 나라와 지상에 연결되어 있습니다. 여기는 나의 집이기도 하고 나의 전쟁터이기도 합니다. 나의 일, 나의 기도, 나의 생명을 아낌없이 바칠 수 있는 땅입니다"라고 토로했다.[20] 미국 생활을 통해 얻은 '두 개의 J'의 새로운 '실재'를 조국 일본에서 전개하는 새로운 삶이 시작된 것이다.

## 3. 현실과의 대면

귀국 후 우치무라는 호쿠에츠학관(北越學館)의 교무주임 자리에 초빙되었다. 호쿠에츠학관은 기독교 신자인 현(縣) 의원 가토(加藤勝彌) 등이 설립하고 니가타에 살던 미국 전도회 소속 선교사들의 교육 원조를 받고 있었다. 그리스도 애국주의(Christ nationalism)라는 모토에 선 우치무라로서는 기독교에 기초를 둔 교육을 반대할 이유가 없었다. 그러나 동양이나 일본 성현의 가르침을 배격하고 기독교만을 가르치는 교육은 찬성할 수 없었다. 외국 전도회 선교사의 원조를 받으니 우치무라가 주장하는 자유·독립이 훼손

20  우치무라 간조, 앞의 책, 250.

될 우려도 있었다. 우치무라는 외국인 선교사의 교육이 무상으로 제공되는 것은 결국 외국 전도회의 원조를 받는 것이고 호쿠에츠학관 설립 정신에 반한다는 견해를 나타냈다. 이에 외국인 선교사들은 이러한 교무주임 밑에서 근무를 할 수 없다고 사의를 통고했고 대립은 격화되었다.

결국 우치무라는 경영자, 교사, 선교사들에게서 고립되어 겨우 4개월 만에 학관을 떠나야 했다.[21] '두 개의 J'의 신념에 따라 일본인으로서의 독립과 참된 기독교 교육을 관철해 보려 했으나, 현실 일본 기독교계는 그의 기독교를 이해해 주지 않았던 것이다. 그리고 그의 '두 개의 J'의 신념 앞에는 더 큰 시련이 기다리고 있었다.

1889년 명치 정부는 일본제국헌법을 공포했다. 이듬해인 1890년에는 〈교육칙어〉를 공포했다. 천황제 국가는 인간의 내면성과 교섭을 가지고 윤리적인 면에서도 천황 지배의 신성화를 공고히 할 필요를 느꼈다.[22] 신민의 사회생활 기본 윤리를 제정하고 이를 '천황의 가르침'으로서 적극 교육해 가고자 했다. 〈교육칙어〉는 "부모에게 효도하고 형제에게 우애하고 부부 서로 화목하며 붕우(朋友)는 서로

21  스즈키 노리히사, 앞의 책, 41-44.
22  海老澤有道 · 大內三郎, 앞의 책, 286.

신의를 지키고 근검하고 박애를 모든 사람에게 미치게 하고 배우기를 힘쓰고……"라는 전통적 유교 윤리를 열거하고 있다. 그러나 그 가르침의 궁극적 테마는 칙어의 중간 구절인 "이러한 것을 가지고 천양무궁(天壤無窮)한 황운(皇運)을 부익(扶翼)해야 한다"에 수렴되고 있다. 〈교육칙어〉가 들고 있는 덕의 모든 것은 '충효'에 집약되는데, 본래 '충효'는 상대적인 덕이다. 그런데 그 상대적인 덕이 비약하여 도덕 가치 체계의 정점으로 위치가 정해지는 것은 〈교육칙어〉가 이미 도덕 체계나 이론, 설교 등이 아니라 충성을 바쳐야 하는 대상으로서 천황을 신격화하는 교전임을 의미하는 것이었다.[23] 국민의 모든 것이 천황에 대한 멸사봉공(滅私奉公)으로 수렴된다는 점에서 〈교육칙어〉의 이데올로기는 유례없는 강렬한 종교 교의가 되었다. 이렇게 하여 1890년대에 들어서 일본의 국가 체제는 한편으로는 명치 헌법에 근거해 정비·강화되고, 또 다른 한편으로는 〈교육칙어〉를 통해 국민교화의 도덕적 지주를 만들어 천황제의 절대화 작업을 끝낸 것이었다.[24]

그해 9월부터 우치무라는 제일고등중학교 촉탁교원

23   海老澤有道·大內三郞, 앞의 책, 286.
24   村上重良,《國家神道》, 岩波書店, 1980, 129-133.

으로 일하게 되었다. 11월 3일 제일고등중학교에서 거행된 천장절(天長節) 축하식에서는 이 해 학교에 수여된 천황·황후의 사진을 '배알'하고 처음으로 〈교육칙어〉 낭독이 행해졌다. 이어 이 해 연말에 당시 전국에 있던 7개 고등중학교에 명치천황 친서가 들어간 〈교육칙어〉가 수여되었다. 해가 바뀌어 1891년 1월 9일 새 학기를 시작하는 제일고등중학교에서 지난해 하사된 〈교육칙어〉 봉배식이 거행되었다. 이때의 일을 우치무라는 그로부터 약 2개월 후인 1891년 3월 6일, 미국 친구 벨에게 보낸 편지에서 자세히 밝힌다.

1월 9일 내가 가르치고 있었던 고등중학교에서는 〈교육칙어〉 봉배식이 행해졌습니다. 교장의 연설과 칙어 낭독 후 교수와 생도들은 한 사람씩 단상에 올라가 마치 불단이나 신도의 예식에서 우리들의 선조의 위패 앞에 머리를 숙이는 방법으로 칙어에 명기되어 있는 천황의 서명을 향해 머리를 조아릴 것을 요구받았습니다. 나는 이 익숙하지 않은 의식에 전혀 준비가 되어 있지 않았습니다. 왜냐하면 이것은 교장의 새로운 고안물이었기 때문입니다. 나는 세 번째로 등단하여 머리를 숙이지 않으면 안 되었기 때문에 그 일에 대해 거의 생각할 여유가 없었습니다. 그래서 나는 망설이면서 기독교적 양심에 위반되지 않는 길을 골라 60인의 교수(전부 비기독교인, 나 외에 있었던 두 사람의 기독교인은 결석)와 1,000명 이상의 생도들이 엄숙하게 지켜보는 가운데 나는 스스로의 생각대로 머리를 숙이지 않았습니다!"[25]

우치무라가 이러한 태도를 취한 것은 물론 기독교 신앙과 그의 개성 때문이겠으나, 당시 읽고 있었던 칼라일의 《크롬웰전》이 영향을 미쳤다고 볼 수 있다.

칼라일 저 《크롬웰전》이 나에게 미친 영향에 대해서는 내가 그것을 표현하기에 충분한 말을 찾지 못할 정도다. 나는 영국판 책을 중고책방에서 구입했다. 때는 1891년, 내가 촉탁교원으로서 동경제일고등학교에 근무할 때였다. 나는 이것을 구입하고 난 후, 모든 것을 잊고 몰두했다. 나는 이 책을 통해 자유와 독립을 사랑할 것을 깊이 깨닫고 그것을 절반 정도 읽었을 때, 나는 고등학교 윤리강당에서 그 당시 발포된 교육칙어를 향

**25** 데이비드 벨(David C. Bell)에게 보낸 편지, 1891년 3월 6일, 全集 36권, 331-332.

해 예배적인 경배를 하라고 당시의 교장에게 요구받았는데, 칼라일과 크롬웰에게 마음을 빼앗겨 아무리 해도 나의 양심에 걸려 그 명령에 복종하는 것은 불가능했다. 나는 그들의 권유에 대해 과감하게 거부했다.[26]

우치무라는 크롬웰의 청교도혁명에 대해 애머스트 대학 시절 역사학 강의에서 접하고 관심을 가졌을 것이다. 애머스트 시대의 편지를 보면 청교도 영국사를 읽었다는 것과 크롬웰을 가장 이상적인 인물로 존경한다는 점이 기록되어 있다.

우치무라의 사건은 제일고등중학교 교사와 학생들에게 문제시 됨과 동시에 진보당 계열의 신문 〈민보〉가 1월 17일자에 '존영'(尊影)에 대한 경배를 우치무라가 '종이를 예배하는 것은 기독교주의에 반한다'라고 말했다고 보도하고 언론이 다투어 보도하면서 대사건으로 확대되었다. 이 사건은 일명 '우치무라 간조 불경사건'으로 전국에 확산되어 갔다. 불교와 각 종파 기관지도 이에 편승해 기독교 신도에 의한 '불경 사건'이라고 들끓었다.[27]

---

26　內村鑑三, 〈讀書餘錄〉, 全集 16권, 510.
27　鈴木範久, 《內村鑑三とその時代》, 日本キリスト敎團出版局, 1975, 139.

사건 당일 부재했었던 제일고등중학교 교장은 머리를 수그리는 것은 결코 예배가 아니라 천황에 대한 존경심을 뜻할 뿐이라며 우치무라에게 다시 머리 숙여 인사하라고 애원했다. 우치무라는 이 일을 친구인 기독교인 동료와 상의하고 결국 수락하기로 결정했다. 그러나 우치무라는 폐렴으로 누워 있었기 때문에 1월 29일 친구가 그것을 대행했다.

이에 더하여 이 사건에 관한 우치무라의 변명서가 1월 30일자로 발표되었다. 그러나 실은 병으로 생사를 오가던 우치무라를 대신하여 친구들이 작성한 것이었다. 그다음 날 1월 31일에는 제일고등중학교 교장 앞으로 사표가 제출되었는데 그것도 우치무라가 쓴 것은 아니었다. 우치무라가 이를 안 것은 병에서 회복되기 시작한 후였다. 그의 사표는 그대로 수리되어 2월 3일부로 면직되었다.

폐렴과 제일고등중학교 해직에 이어 우치무라를 기다리던 것은 아내 가즈의 죽음이었다. 남편이 앓는 동안 간병을 하는 동시에 들이닥치는 항의자들을 남편을 대신해 혼자 상대했던 가즈는 우치무라가 회복되자 자신이 같은 독감에 걸렸다. 두 달 남짓 와병하던 가즈는 세례를 받고 별세했다. 스물셋 젊은 나이였다. 우치무라는 직업을 잃고,

사랑하는 아내마저 잃으면서 비통함이 극에 달했다. '아내의 관을 보내면서 읊는다'라는 제목으로 우치무라가 읊은 노래는 이것이다.

봄날 아름다운 꽃 옷을 입고 마음 기쁘게 돌아가는 고향

이 사건은 아내의 죽음으로 그치지 않았다. 급기야는 기독교와 국가의 충돌로 발전했다. 논쟁은 동경제국대학 문과대 교수였던 이노우에(井上哲次郎)가 1892년 11월 5일 잡지 〈교육시론敎育時論〉에 "종교와 교육과의 관련에 대한 이노우에 테츠지로(井上哲次郎) 씨의 담화"를 발표하면서 시작되었다. 이노우에는 기독교가 일본에 적합하지 않은 이유를 세 가지 들고 있다. 즉 국가주의, 충효주의 또는 유교의 인애의 입장, 현세주의에 선 것이 교육칙어의 윤리인데 그것에 대하여 기독교는 비국가주의, 탈세속주의, 박애주의로 양자는 이론적으로 모순이라는 것이다. 이노우에의 논의는 단순한 이론 논쟁이 아니라 신성화되고 절대화된 천황제 국가의 지배 체제와 기독교의 관계에 관한 논의였다. 기독교는 국가의 구별이 없고 군주와 신민에 차이가 없는 무차별적, 박애주의적 인류애를 주장한다는 점에서 천황

제 국가 체제에 저촉된다는 것이다. 즉 기독교는 일본의 국체에 맞지 않고 기독교인 우치무라는 '불경한'(不敬漢)인 것이었다.[28]

　이노우에 이외에도 이 문제에 관해 당시 128개의 기사와 수필이 신문·잡지에 쏟아졌고 단행본은 30권 정도가 출판되었다. 기독교는 일본의 전통과 합치할 수 없고 특히 신성한 천황에 대한 전통적인 충성심과 양립할 수 없다는 비난 일색이었다.[29] 우치무라는 일본 어디에서도 마음 놓고 살 수 없는 '국적'(國賊)이라는 박해를 감당해야 했다.

　이 사건은 우치무라 개인뿐 아니라 일본 근대 정신사에서 말할 수 없이 큰 의미를 갖는다. 일본제국헌법에 '신성불가침' 존재로 규정된 천황에 대해 한 개인이 보편적 가치를 근거로 삼아 그 신성불가침성을 부정하는 행동을 취한 이 사건은 후일 권력의 우상화에 대한 기독교의 예언자적 부정 정신이 일본 정신사에 접붙임되는 순간으로 높이 평가되었다. 그러나 당시 우치무라의 고난은 말할 수 없이 컸

**28**　塚田理,《象徴天皇制とキリスト教》, 新教出版社, 1990, 15.

**29**　Sibuya Hiroshi & Chiba Shin, *Living for Jesus and Japan: the social and theological thought of Uchimura Kanzo*, Michigan, William B. Eermans Publishing Company, 2013(《그리고 모든 것은 하나님을 위하여》, 양현혜·한송희 옮김, 홍성사, 2018), 79.

다. 그의 '두 개의 J'의 신념 중 기독교의 측면을 일본의 기독교계가 이해해 주지 않은 것이 호쿠에츠학관 사건이었다면, 이번에는 그의 일본에 대한 사랑을 당대의 일본이 이해해 주지 않았던 것이다. 같은 거절이라고 하더라도 사랑하는 일본에 거절당하고 직업과 아내를 잃고 무엇보다도 '국적'이 된 충격은 전자와 비교가 안 되는 큰 것이었다. 그는 '국적'이 되어 모두에게 외면당한 이때의 심정을 두고 후일 "나는 이 땅에 살면서 이 땅의 사람이 아니었다. 이 국토에 관한 내 의견은 땅속에 파묻혀, 나는 눈도 없고 입도 없는 아무 쓸모도 없는 인간이 되고 말았다"라고 토로했다.[30]

그런데 일본 기독교계는 이러한 '국가와 종교의 충돌'에 어떻게 대응했을까. 일본 기독교회 지도자 우에무라(植村正久)는 〈복음신보〉에 '불경죄와 기독교'라는 글로 자신의 입장을 밝혔다. 그는 교육칙어와 천황의 사진에 대한 경례에 종교적 의미가 있다면 죽음으로 저항하지만, '교육, 사교, 정치적 의미'라면 문제가 안 된다고 했다. 당국은 이 글이 우치무라를 옹호했다고 해서 금지 처분을 내렸다. 하지만 우에무라의 이러한 이분법적 발상에는 결정적으로 중

---

30  우치무라 간조, "크리스천의 위로", 〈우치무라간조 전집〉 1권, 크리스챤서적, 2000, 36.

대한 문제가 잠재해 있었다. 종교성과 비종교성을 판별할 주체를 누구에게 기대하는가의 문제였다. 국가가 주체가 되어 종교성이 없다고 결정하면 좋은 것인가, 한 사람 한 사람의 신앙 양심이 판단할 것인가, 신앙적 양심에 따라 의심을 느껴도 국가가 '종교가 아니다' 하면 만사가 해결되는 것인가 등 중대한 문제가 남아 있었던 것이다.[31]

이러한 우에무라의 애매모호한 입장을 제외하면 일본 개신교의 대세는 자신들은 절대 반국가주의적이지 않고, 충효를 부정하지도 않으며 충실한 국가적 견지에서 행동하는 윤리를 가지고 있음을 누차 강조하며 이노우에 교수에게 변명하려는 입장이었다. 그들은 기독교도는 국제적으로 통용되는 '양재'(洋才)로서의 수양과 자질을 갖춘 유능한 일본인이며, 일본의 근대화 노선에 유용한 자들임을 강조하여 일본 사회의 환심을 사고자 했다.[32]

온 나라의 비방 속에서 사방이 막혀 꼼짝달싹할 수 없는 상황에 처한 우치무라는 자신의 내면을 더 치열하게 응시하는 수밖에 없었다. 지금까지도 읽히는 그의 고전적 저서가 이 당시 쏟아져 나온 것은 결코 우연이 아니다. 먼저

31  富坂キリスト教センタ 編, 《天皇制の神學的批判》, 新教出版社, 1990, 169-172.
32  片野美佐子, 《孤憤の人間: 柏木義円》, 新教出版社, 1993, 81-82

일본의 천직이 무엇인가에 대해 체계적으로 논한 〈일본의 천직〉이 1892년 4월 당시 기독교계의 대표적 기관지인 〈육합잡지六合雜誌〉에 발표되었고, 1893년에는 《기독신도의 위안》과 《구안록》이 발표되었다. 1894년에는 《지리학고地理學考》와 최초의 영어 저서인 《대표적 일본인Japan and Japanese》이 발표되었다. 이어 1895년에는 《나는 어떻게 기독교인이 되었는가》가 출간되었다. 이들 저서에서 우치무라는 진정한 애국심은 무엇이며 일본의 천직은 어떠하다고 주장하고자 했는가.

　우치무라는 《기독신도의 위안》에서 '일본광'으로 불릴 만큼 일본을 사랑했기 때문에 다른 나라나 하늘나라의 '실재감'을 느끼지 못했으나, 조국에 버림받고 나서야 비로소 세계시민으로서의 자각과 하늘나라의 실재가 분명해졌다고 했다. 그는 자신의 애국은 이렇게 열린 눈으로 나라를 위해 하나님을 사랑하고, 하나님을 위해 나라를 사랑하는 것으로, 양자는 결코 충돌하는 것이 아님을 다시 한번 천명했다.[33] 맹목적인 자민족 절대주의의 애국이 아니라 자국의 번영이 인류에 유익이 되는 보편성까지 겸비한 애국심의

---

33　우치무라 간조, "크리스천의 위로", 33-39.

존재 양식을 추구하고자 했던 것이다.

한편 《지리학고》의 기초가 된 논문 〈일본의 천직〉에서는 동양과 서양의 중간에 놓인 일본이 동서양의 징검다리 역할을 해야 한다고 보았다. 그는 "오른손으로 구미의 문명을 받아, 왼손으로 이를 중국 및 한국에 전달해 주는 위치에 있는 것 같다. 일본은 정말로 공화적(共和的)인 서양과 군주적(君主的)인 중국과의 중간에 서서, 기독교적인 미국과 불교적인 아시아 사이의 중매인 역할을 할 위치에 놓여 있다. …… 동양 국민 중에 일본인만이 구미의 문명을 이해할 수 있고, 또 문명 국민 중에 일본인만이 동양 사상을 가지고 있다. 사상계에 있어서도 경제계에서처럼 일본은 동서양의 중간에 놓인 징검다리로서, 귀납적인 서양과 연역적인 동양 사이에 서 있는 중매인이다"라고 하며 동서양 문명의 중개자가 되는 것이 일본의 세계사적 소명이라고 보았다.[34]

즉 구미를 아시아에 소개하여 진취적인 서양으로 하여금 보수적인 동양을 개화하게 하는 것이 일본의 세계사적 소명이라고 본 것이다. 그러나 서양 문명의 단순한 전달

---

34  우치무라 간조, "일본의 천직", 〈우치무라간조 전집〉 10권, 557-558.

자로만 본 것은 아니었다. 그는 동양 문명의 정수를 알고 있고 그 위에 서양 문명의 정수를 받아들인 일본은 동서양 문명의 정수를 합류·완성시킬 수 있는 유일한 나라라고 보았다. 동서양 문명의 중개자로서 나아가 동서양 문명의 종합 완성자로서 인류 역사의 진보에 기여하는 것이 일본의 세계사적 소명이라고 생각한 것이다.[35]

여기에서 그가 일본의 천직을 일본만을 위한 일본이 아니라 '세계를 위한 일본'이라는 지평에서 늘 생각하고자 했음을 놓쳐서는 안 된다. 그에게 '애국'은 일본을 위한 것이자 '인류 역사의 진보'라는 보편적 가치와 상응해야 하는 것이었다. 그럼에도 우치무라의 일본의 천직 이해에는 당시 대다수 일본인이 보여 주었던 서구 제국주의에 대항하는 아시아 국가 일본인으로서 열등의식과 초조감이 엿보이기도 한다. 일본의 천직이라고 하는 견해를 볼 때 그의 일본 사랑이 아직 일본의 결점까지 투시하며 비판적으로 성찰하는 '역설적 사랑'으로 충분히 성숙되지 않았음을 알 수 있다.

---

**35** 우치무라 간조, 위의 논문, 560-561.

## 4. '예언자적 애국'

1894년 근대 일본의 첫 대외 전쟁인 청일전쟁이 발발했다. 우치무라는 그의 유신론적 진보사관과 일본 천직론에 입각해 전쟁을 이해했다. 그는 일본은 동양의 '진보주의의 전사'이며, 청일전쟁의 결과에 따라 "동양이 서양과 같은 진보주의 노선을 취할 것인가 아니면 …… 만주적 중국정부가 대표하는 퇴보의 정신이 동양 전체를 이끌어 갈 것인가"가 좌우된다고 보았다. 그에게 일본의 승리는 "동양 6억 인의 자유 정치, 자유 종교, 자유 교육, 자유 상업을 의미"하는 것이었다.[36]

이러한 견해에 서서 그는 청일전쟁이 '정의로운 전쟁'임을 구미 각국에 호소했다. 8월 11일 〈재팬메일 The Japan Weekly Mail〉에 "Justification of the Korean War"를 기고한 그는 1894년 9월 〈국민의 벗〉에 '일청전쟁의 의'라는 제목하에 번역해 실었다. 이 논문은 일본 내외적으로 우치무라를 유명하게 해주었다. 우치무라의 견해가 이 전쟁에 관심 있는 대부분의 미국인들과 같았기 때문이다. 북경 주재의 전(前)

---

36  內村鑑三, 〈日清戰爭の義〉, 全集 3, 104-112.

미국 외무부 관리였던 하워드 마틴(Howard Martin)은 "청일전쟁에서 일본의 승리는 저 불행한 한국의 개혁과 진보를 의미하고 …… 중국의 승리는 한국을 다시 동양적 나태와 미신, 무지, 반외 감정으로 후퇴시키는 것을 의미한다. 이것은 일본에 의해 대표되는 근대 문명과 중국에 의해 대표되는 야만주의와 희망 없는 고대적 문명의 투쟁인 것이다"라고 했다.[37]

그러나 청일전쟁에서 일본이 승리하자 얼마 안 되어 전쟁은 오로지 일본의 이익을 위한 것임이 분명해졌다. 악한 청 제국 세력으로부터 조선을 보호해야 한다는 전쟁의 명분과 달리 조선의 독립은 무시되었다. 우치무라는 순진하게 정부를 그대로 믿고 전쟁의 의로움을 선전한 자신의 어리석음을 깊이 자책하며 "일청전쟁 때 일본의 의로움을 영문으로 써서 세계에 호소한 것은 저였습니다. 지금은 그때의 저의 어리석음과 불신을 깊이 후회합니다. 나는 그 일에 관해서 신의 용서를 늘 구하며 기도하고 있습니다"라는 참회의 심정을 토로했다.[38] 우치무라는 이제 '사랑하는 일본'을 위해 예언자적 비판이 필요함을 자각하기 시작

**37** Sibuya Hiroshi & Chiba Shin, 앞의 책, 48.
**38** 內村鑑三,〈平和の福音〉,全集 11, 404-409.

했다.

이제 우치무라에게 일본은 무조건적으로 긍정되고 찬미되어야 할 나라가 아니었다. 일본의 소멸해 없어져야 할 부분과 보존되어야 할 부분이 그에게 명백히 구분되고 있었다. 그는 "망해야 할 일본이 있다, 망하지 않을 일본이 있다. 귀족, 정치가, 군대로 대표되는 일본, 이것은 조만간 반드시 망할 수밖에 없는 일본이다. 내가 늘 예언하고 있는 일본의 멸망이란 이런 종류의 일본을 가리켜 하는 말이다. …… 그러나 이와 동시에 또한 망하지 않을 일본, 망해서는 안 될 일본이 있다. 부용천고(芙蓉千古)의 눈(雪)과 더불어 영원히 변치 않을 일본이다. 이것은 근면, 정직한 평민의 일본이다. 천지와 더불어 무궁한 일본이란 이런 일본을 가리켜 하는 말"이라 했다.[39] 이렇게 일본의 긍정적 측면과 부정적 측면을 식별하게 되자 일본을 위해서 해야 할 역할도 자명해졌다. "하늘과 사람 가운데 서서, 하늘을 대신해서 말하고, 하늘의 뜻을 사람에게 전하고, 사람의 고통을 치유하기 위하여 하늘의 위로를 가져오고, 또는 하늘의 불로 사회의 부패를 태워 버리게 하는 사람", 즉 예언자가 되어야

---

39   우치무라 간조, "두 종류의 일본", 〈우치무라간조 전집〉 10, 608.

함을 자각한 것이었다.[40]

그는 구약의 예언자 아모스나 이사야, 예레미야가 이스라엘에 대해 '신의 공의'를 요구하며 경고를 발했듯 지금 일본도 예언자적 정의에 입각한 비판적 자기 성찰이 필요한 때라고 보았다. 우치무라는 일본이 세계 제일의 무력 국가로서 타국을 지배하는 국가가 되어야 한다는 '애국적 미망'을 예언자의 경고에 비유하여 "농부 아모스는 열심이 불타는 애국자였다. 그가 아모스서를 쓴 목적은 이웃 나라에 쌓인 죄악을 고치기 위해서가 아니라 그가 특별히 사랑하는 고국 유다를 경계하기 위함이었다"라고 하면서, "서방 아시아에 그 옛날에 있었던 유다인은 동방 아시아에 있는 오늘의 일본인과 같아서, 그들은 특별한 역사와 국풍(國風)을 자만하며 이웃 나라 사람들을 보기를 늘 열등 인종이라는 생각을 갖고 말하기를, 우리는 신국(神國)의 백성이고 다른 나라가 멸망하더라도 결코 우리나라는 위태하게 되지 않을 것이다"라고 자만하고 있으나, 일본은 바로 이 자만에서 깨어나야 한다고 경고했다.[41] 비윤리적인 전쟁을 의로운 전쟁으로 정당화했던 비참한 경험은 '두 개의 J'에 대한

---

**40**   우치무라 간조, "종교가의 필요성", 〈우치무라간조 전집〉 10, 605.

**41**   內村鑑三, 〈農夫アモスの言〉, 全集 3, 163-171.

헌신을 구체화시키는 방법이 '예언자적 애국'임을 발견한 중대한 전환점이 되었던 것이다.

이렇게 우치무라가 예언자적 사회 평론으로 필력을 휘두르기 시작한 1897년 〈만조보萬朝報〉는 그를 영문 사설 편집장으로 초빙했다. 우치무라의 날카로운 사회 평론이 지성인들과 젊은 청년·학생들에게 환영을 받았기 때문이었다. 이후 그는 이 신문의 지면을 통해 영어 기사뿐 아니라 일본어 기사도 자주 쓰며 '예언자적 애국'에 입각한 평론 활동을 활발히 전개했다.

청일전쟁에서 승리하여 중국으로부터 받은 3억 5천만 엔이라는 거대한 배상금으로 일본의 자본주의화는 급속도로 진정되었다. 그러나 그것은 명치 정부의 침략 전쟁과 결탁한 군수산업 중심의 군국주의적 자본주의였다. 그 결과 일본 소작농의 비율은 급속도로 증가했고 그 가족들은 도시 공장의 저임금 노동자로 전락했다. 또한 군수 산업으로 인한 산업 재해와 환경오염도 심각한 사회 문제로 대두되었다. 그 대표적인 사건이 아시오 구리광산(足尾銅山) 광독사건(鑛毒事件)이었던 것이다. 우치무라는 국가의 침략 전쟁과 결탁한 자본주의화는 그 내부에 구조적 모순을 야기하지 않을 수 없다고 인식하고 그 구조적 부정의의 전형이 바로 아시오 구리광산 광독사건이라고 보았다. 그는 내정 문제와 대외 침략의 구조적 연관성을 예리하게 간파하고 있었다.

이러한 일본 안팎의 모순에도 불구하고 서구와 동등하게 식민지를 가진 제국이 되어 세계열강과 어깨를 나란히 하는 일등 국가가 되었다고 자만하는 일본 국민과 그 지도자들의 애국심은 우치무라에게는 '잘못된 애국주의'일 뿐이었다. 그는 이렇게 지적했다. "정부에 한 사람의 철학자가 있어 우주의 조화를 말해 주지 않을 때, 육지에는 13개 사단의 병사가 가는 곳마다 검을 휘두르고, 들에 한 사람의 시인이 있어 국민의 우수를 달래 주지 않을 때, 바다에는 26만 톤의 함대가 있어 바다 위 도처에서 파도를 일으킨다. 가정의 유린은 극에 달해 부자가 서로 미워하고 형제가 서로 비난하며 고부가 서로 비웃는 이때에 밖으로 향해서는 동양의 벚꽃나라, 세계의 군자국이라고 자랑한다. 제국주의라는 것은 실은 이러한 것이다."[42] 일본이 걸으려 하는 군국주의적 제국주의의 실상은 국민들이 이상을 잃고 그 품성이 도덕적으로 파산하는 '망국'의 지름길이라

42  內村鑑三,〈'帝國主義'に序す〉, 全集 9, 118.

고 갈파한 것이다.

그렇다면 우치무라가 이상적으로 생각하는 국가상은 무엇이었을까. 그것은 1911년 10월 청년들에게 한 강연《덴마크 나라의 이야기》에 특히 감명 깊게 나타나 있다. 《덴마크 나라의 이야기》는 덴마크가 1864년 독일과 오스트리아와 벌인 전쟁에서 패하고 비옥한 땅 슐레스비히, 홀슈타인을 잃었지만 엔리코 달가스(Enriko Mylius Dalgas) 부자의 불굴의 신앙과 노력으로 남은 황무지에 나무를 심어 그 땅을 아름다운 녹지로 만든 이야기였다. 그는 그의 이상을 실현한 나라로서 덴마크를 높이 평가했다. 후일 '신앙과 수목을 가지고 나라를 구한 이야기'(1913년)라는 부제를 달아 출간한 이 책에서 그는 "덴마크는 이상적인 농업국이다. …… 우리나라 큐슈(九州)보다 작은 면적과 겨우 300만 인구로 주로 농업을 하며 전 세계의 존경을 받기에 충분한 국가적 생명을 가지고 있다. 그 문학, 미술, 철학, 종교를 통해서 인류의 진보에 공헌한 바가 크다. …… 덴마크 국민 한 사람이 소유한 부가 영국인 또는 미국인 한 사람이 가지는 부보다 크다. 그리고 그것이 주로 농산물로 이룬 국부(國富)임을 안다면 놀라지 않을 수 없다. 일본은 본래 농업국이다. 지금부터 덴마크에게 크게 배워 농업을 가지고 강대한 평화적 문명국이 되어야 한다"라고 역설했다.[43] 여기에서 우치무라가 그린 근대 일본의 이상적 국가상은 식산적(殖産的) 소국주의였다. 대국주의를 거부하고 소국주의를 관철할 것, 국제적 침략이 아니라 농업입국으로 상징되는 국내 사회 개발을 우선하자는 정책이었다. 나아가 그는 진정으로 국민을 살리는 것은 군사력이나 경제력이 아니라 인격의 존중과 개인의 확립 그리고 보편적 가치에 열린 국민정신 육성에 있다고 보았다. 《덴마크 나라의 이야기》는 현실의 나무를 심는 이야기였지만 우치무라는 청년들의 정신 속에 그가 사랑하는 '두 개의 J'에 근거한 국가상과 '예언자적 애국자'라는 마음의 나무를 심고 물을 주려고 했던 것이다.

한편 그는 제자들에게 예언자의 인격과 거짓 예언자에 대해 가르쳤다. 인격의 위대함, 신만을 의지하여 단독으로 자립하겠다는 의지, 동시대 사람들을 해방하는 능력 여부가 참예언자와 거짓 예언자를 식별하는 기준이라고 보았다. 즉 예언자는 "의례를 중요시하는 의식가(儀式家), 문자를 논쟁하는 신학자와 정반대에 선 사람으로, 살아 있는 신

---

43    內村鑑三, 《デンマルク國のて》, 岩波文庫, 1946, 79-80.

에게 가장 가까이 있는 자"이다.[44] 또한 예언자는 신의 나라를 건설하기 위해 군국주의를 주장하는 거짓 애국주의자와도 확실히 구분된다고 했다. 그들은 "그리스도의 복음을 선언함과 동시에 군비 팽창의 필요를 주장하고 …… 선한 자인 것처럼 '거짓 복음'을 설파하는 자이다. 그리스도의 복음의 정신은 그들이 좋아하는 정신과는 근본적으로 다르다. 사람이 선의(善意)를 가진다고 해서 위선자 되기를 피할 수 있는 것은 아니다"라고 하며[45], 그들은 "국가의 이익을 위해 신의 정의를 왜곡시키는 자일 뿐이다"라고 경종을 울렸다.[46] 우치무라는 신의 공의(公義)에 근거한 예언자적 애국심을 가진 기독교인의 신앙이 최종적으로 만들어 내는 결과는 신 앞에서 그리고 국제 사회에서 자국의 행위에 책임을 지는 정의로운 국가라고 했다.

그러나 현실의 일본은 이러한 우치무라의 이상과 점점 멀어져 갔다. 일본은 청일전쟁이 미해결로 남긴 만주·조선 문제로 다시 러시아와 전쟁을 벌이고자 했다. 동경대학 교수들이 가츠라(桂太郞) 수상에게 개전을 건의하는

44  內村鑑三, 〈天然詩人としての預言者エレミヤ〉, 全集 16, 281.

45  內村鑑三, 〈偽預言者とは何ぞや〉, 全集 15, 92.

46  內村鑑三, 〈偽の預言者〉, 全集 23, 258.

등 일본 전체가 다시 주전론으로 들끓었다. 결국 일본이 1904년 2월 10일 러시아에 선전포고하며 러일전쟁이 발발했다. 전쟁은 1905년 8월 10일 미국 대통령 윌슨의 권고를 받아들여 러일 양국이 강화조약을 맺음으로써 종결되었다. 일본은 그 이상 전쟁을 계속할 국력이 없었고 러시아 역시 국내에 혁명 전야의 움직임이 거세졌기 때문이다. 일본군 약 108만 명이 동원되고, 1905년의 일본 국가예산의 5배가 되는 약 20억 엔을 사용한 대규모 전쟁을 통해 일본은 요동반도 조차권, 한국 보호권 등을 얻었다.[47] 청일전쟁이 문명국 대열에 들어가는 입학시험이라면 러일전쟁은 졸업시험이라는 논리가 확산되면서, 국민들에게 '제국의식'이 폭넓게 침투해 갔다.[48]

일본 전국이 이렇게 러일전쟁의 승리를 자축하는 축제 분위기일 때에도 그의 비전(非戰) 주장은 확고했다. "전쟁은 전쟁을 종식시키기 위한 것이라고 말합니다. 그러나 전쟁은 실제로 전쟁을 종식시키지 못합니다. 아니 전쟁을 만듭니다. …… 전쟁에 의해 군비는 결코 감축되지 않습니다. 아니 전쟁이 끝날 때마다 군비는 더욱 확장됩니다.……

---

**47** 小松裕, 《いのちと諸國日本》, 小學館, 2009, 55-68.

**48** 양현혜, "천황제 국가의 전쟁과 일본 개신교", 〈일본학연구〉 제32집, 2011, 95.

일청전쟁의 명분은 동양의 평화를 위함이었습니다. 그러나 그 전쟁은 더욱 큰 일러전쟁을 만들어 냈습니다. 일러전쟁 역시 그 명분은 동양의 평화였습니다. 그러나 이것 역시 동양 평화를 위한 더욱 큰 전쟁을 만들어 낼 것입니다. **전쟁은 결코 만족할 줄 모르는 야수입니다. 전쟁은 인간의 피를 먹으면 먹을수록 더욱 많이 먹기를 원하기 때문입니다. 이렇게 해서 국가는 그러한 야수를 기르면서 그 살아 있는 피를 마시고 있는 것입니다**(강조는 옮긴이)"라고 했다.[49] 그는 제국주의 국가권력과 침략전쟁의 상보관계를 정확히 파악하고 있었다. 전쟁이 '인간의 피를 먹는 야수'이며 평화를 수립하는 전쟁은 없다는 우치무라의 이 문장은 비전 평화주의를 주장하는 가장 걸출한 문장 중 하나일 것이다.

우치무라는 이렇게 비전론자가 된 이유를 세 가지 들고 있다. 성서의 사상과 자신의 삶의 경험 그리고 청일전쟁 이후의 과거 10년간의 세계 역사에서 배운 교훈이다.[50]

그중 첫 번째와 세 번째 이유에 특별히 주목해야 한다. 그는 구약성서에 전쟁을 승인한 부분이 있으나, '시대와 더불어 신의 계시적 진리가 깊어짐에 따라' 이사야서와 스가

49   內村鑑三, 〈日露戰爭より余が受けし 利益〉, 全集 13, 399-407.
50   內村鑑三, 〈余が非戰論者となり理由〉, 全集 12, 423-426.

라에 이어 신약성서에 이르러서는 '절대 평화'가 명해지고
있다 보았다. "성서가 특히 신약성서가 명하는 것은 단 하
나입니다. 즉 절대 평화입니다. 어떠한 경우에 있어서도 검
을 들고 싸워서는 안 된다는 것입니다. 만일 어쩔 수 없으
면 적에게 양보하고 다음은 신의 분노를 기다리는 것입니
다."[51] '원한, 질투, 분노, 흉악 살인, 만취, 방탕을 합친 모든
죄악보다' 전쟁이 더 나쁜 것이므로 개전이냐 비전이냐 선
택할 상황에 놓였을 때, 기독교인이 신에게 충성하기 위해
서는 비전 외에 다른 길은 없다고 그는 확신했다.

　　또한 우치무라는 성서의 말씀이 인류 역사의 지향점
과 일치한다고 확신하고 성서의 말씀에 현실 역사를 조응
시켜 현실을 분석하고 미래를 모색하는 성서의 '예언자적
연구'를 대단히 중시했다.[52] 만일 성서를 현실 역사와 무관
한 개인의 내면 문제에만 한정시킨다면, 성서와 성서를 읽
는 신앙인이 처한 역사 현실과 관계가 유리되고, 기독교인
은 현실 역사에 책임 있는 응답을 할 수 없게 된다고 보았
다. 그리고 그러한 신앙은 현실 도피적인 신앙이 되는 것이
다. 그가 성서의 '예언자적 연구'를 중시하고 역사 현실에

---

51　　內村鑑三,〈平和の福音〉, 全集 11, 404-409.

52　　土肥昭夫,《內村鑑三》, 日本キリスト敎團出版局, 1967, 193-194.

대한 신앙인의 책임을 중요시한 이유는 기독교에 있어서 복음과 예언은 서로에게 속해 있다고 보았기 때문이다. 그는 인간을 해방하여 참주체로 세우는 기독교의 복음은, 피조물적 존재이면서도 마치 창조주가 된 것처럼 인간을 억압하려는 모든 의식이나 제도를 비판·항거하며 신적 공의의 공동체를 대망하는 예언과 늘 어깨를 나란히 하고 있다고 보았다. 그에게 복음과 예언은 양자택일의 관계가 아니라 상호 공속적 관계에 있었던 것이다. 따라서 일본 역사에 점철하는 전쟁이라는 현실을 성서의 '예언자적 연구'를 통해 해석하고 그에 근거해 예언자적으로 항거하는 것은 다름 아닌 신앙 실천의 문제였던 것이다.

한편, 이렇게 신앙에 근거한 예언자적 항거인 비전론은 단순한 종교적 교조주의가 아니라는 점이 또 다른 특징이다. 그것은 청일전쟁과 미서(미국·스페인)전쟁, 영국과 남아프리카 트란스발공화국과 오렌지공화국 사이에서 일어난 남아(南亞)전쟁 등 세계 각지에서 일어나는 전쟁의 원인과 그 결과에 대한 분석이라는, 현실을 정확히 역사적으로 인식함이 매개된 이념이었다.[53] 이 점에서 그의 '예언자적'

---

**53** 長谷部弘, 〈內村鑑三の國家論〉, 〈內村鑑三硏究〉 24號, 1984, 3, 29-30.

사회 비판은 현실과의 매개 없이 종교적 신념만을 토로하는 종교적 열광주의자들의 추상적 현실 비판과 구별되었다. 그의 비판은 경험 과학적 분석을 끌어들여 구체성을 띠면서, 동시대를 사는 사람들에게 의미 있는 제안으로 공유될 수 있었다.

우치무라의 이러한 입장은 물론 기독교계 전체에서 예외적이었다. 당시 일본 기독교회의 대다수 지도자들은 러일전쟁에 찬성하고 전쟁을 정당화했다. 오자키(小崎弘道)는 "이번 전쟁은 인종의 전쟁도, 종교의 전쟁도 아니고 …… 16세기 문명과 20세기 문명의 전쟁이라고 할 수 있다. 러시아가 대표하는 16세기 문명, 우리나라가 대표하는 20세기 문명인 것이다"라고 하며 청일전쟁 의전(義戰)론을 반복했다.[54] 우치무라는 이렇게 전쟁을 승인하는 교회를 주 예수 그리스도로부터 '저주받은 교회'라고 격하게 비판했다. "기독교 교사가 성서의 말씀을 인용하여 전쟁을 장려하는 것만큼 교회 타락의 분명한 징후는 없습니다. …… 평화는 기독교의 전문입니다. 이것 때문에 기독교는 세상의 존경을 받는 것입니다. 그런데 그 교사가 세상의 애국심

---

54   小崎弘道,《70年の回顧》, 覺醒社, 1927, 189-190.

에 휩쓸려 그 근본적인 교의까지 왜곡시키는 지경에 이르러서는 소금의 맛을 잃어버린 것으로, 이후에는 이미 쓸모가 없어 밖에 버려져 사람들의 발에 밟힐 뿐입니다."[55] 복음과 예언의 공속성에 기초하여 현실 역사의 모순을 성찰하고 그것을 정화시켜 가고자 한 우치무라는 일본 기독교 전체에서도 이단아였던 것이다.

이렇게 우치무라의 '두 개의 J'의 사상적 전개 과정과 실천 활동을 고찰했다. 사랑하는 예수와 사랑하는 조국 일본을 결합시키려던 그의 필생의 과제는, 신의 보편적 정의에 입각하여 국가에 도덕을 가르치려는 '예언자적 애국'에 이르렀던 것이다.

보편적인 신의 사랑과 정의를 개별적인 국가 공동체에서 어떻게 구현하느냐는 우치무라의 질문은 일본의 기독교인에게만 국한되지 않는다. 그것은 지상에서 몸을 입고 사는 모든 기독교인들에게 요구되는 신 앞에서의 책임이다. 이러한 보편적인 질문에 대한 우치무라의 '예언자적 애국'이라는 대답 역시 일본의 기독교인에게 국한되지 않는 보편적 대답이다. 참한국인이자 참기독교인이었던 김

---

55  内村鑑三, 〈戰時における非戰主義者の態度〉, 全集 12, 150-156.

교신과 함석헌이 우치무라를 자신의 스승이라고 거리낌없이 말한 것도 이 때문이었다.

　　다음 장에서는 그의 '두 개의 J' 사상과 밀접한 관련이 있는 무교회주의를 고찰해 보자.

## 2장. 무교회주의

### 1. 무교회주의의 형성

앞에서 보았듯 불경사건 이후 우치무라는 일본 개신교계에서 고립되고 말았다. 동료 기독교인들에게서 완전히 버림받았다고 느꼈던 1892년에 그는 "나는 무교회가 되었다"라고 말하며 '무교회'라는 단어를 처음으로 사용했다. 그의 고립감과 소외감이 절정에 이르렀던 것이다. 그러나 1898년 〈동경독립잡지東京独立雑誌〉 등을 통한 사회 평론 활동과 〈성서지연구聖書之研究〉의 발행으로 그는 일본의 지식인들과 접촉한다.[56] 이러한 교제를 통해 그는 많은 일본인들이 교회에 환멸을 느끼고 기독교 자체를 혐오하는 것을 본다. 그는 그러한 사람들을 위해 1900년부터 그의 가정에서 일요일 오후 집회를 개최했다. 이는 각괄(角笛)성서집회라 알려졌는데 매회 인원은 25명으로 한정되었다. 그가 소규모 집회를 고집했기 때문이다. 집회는 개회기도, 미리 외

---

**56**  カルロ・カルタロ,《內村鑑三と無敎會》, 新敎出版社, 1978, 74.

워 온 성구 암송, 강의, 그 후 토론 형식이었다. 얼마 후 동경 내 우수한 세 고등학교 학생들로 구성된 백회(柏會)가 구성되고 '엠마오회'도 구성되었다.

1900년 9월부터 그는 〈성서의 연구〉라는 신앙 월간지를 간행해 성서연구와 함께 무교회 신자 간의 소통을 꾀했다. 이 잡지는 그가 죽을 때까지 총 357회 발간되었으며, 판매 부수는 거의 3천 부에 이르렀다. 그해 여름부터 그는 일요일에 신앙연구회를 열기 시작했다. 보통 650~900명에 이르는 대규모 집회였다. 이 연구회에서 그는 성서주해를 하였다. 느헤미야, 아가서, 예레미야애가, 요엘, 미가, 호세아, 하박국, 말라기를 제외한 성서 66권 대부분을 분석했다. 이러한 우치무라의 성서연구는 단독 저자에 의한 일본어 성서주해로써 오늘날까지 최대 규모로 평가되고 있다.[57]

한편 우치무라는 1901년 잡지 〈무교회〉를 발간했다. 그는 여기에서 "교회가 없는 자의 교회 …… 즉 집이 없는 자의 합숙소라고도 할 수 있는 것"이 곧 무교회라고 했다. 그리고 무교회의 '무'라는 글자는 단순히 '없다'라는 뜻으로, 결코 '없게 한다'라거나 '무시한다'라는 의미가 아니라

<hr>

57   양현혜,《우치무라 간조, 신 뒤에 숨지 않은 기독교인》, 295.

고 설명했다. 그러나 이 말은 단순한 소극적 개념이 아닌 인간의 힘에 의한 교회를 지양(止揚)한다는 적극적 역설을 포함하고 있었다.[58]

그의 무교회 집회와 활동은 1930년 소천할 때까지 계속되었다. 그의 만년의 최대 관심사는 사업 계승은 있을 수 없다는 확인이었다. 죽음을 앞두고 우치무라는 자신의 사후, 월간 잡지 폐간과 성서연구회 해산을 희망했다. 그는 한 집단의 계승문제를 '인간적인 생각'이라고 보았다. 신에 대한 신뢰를 결여한 교회와 교회원 사이에서 일어나는 문제라는 것이었다. 그는 잡지 폐간과 집회 해산뿐만 아니라 제자들에게 자신과 관계가 없이 독자적인 집회를 열도록 독려하며 독립시켰다.[59]

우치무라는 1930년에 세상을 떠났다. "어떤 경우에도 우리와 제군에게 나쁜 일은 오지 않는다. 우주 만물, 인생이 다 좋은 것이다. 하고 싶은 말이 끝이 없다. 인류의 행복과 일본국의 융성과 우주의 완성을 기원한다"는 말을 남겼다.[60] 예수를 위해서, 일본을 위해서 일생을 바친 인물답게

---

58  宮田光雄,《宗敎改革の情神》, 創文社, 1981, 56.

59  カルロ · カルタロラ, 앞의 책, 204-209.

60  양현혜, 앞의 책, 341.

인류와 일본의 장래를 생각하고 우주의 완성을 기원한다는, 실로 장대한 말이었다. 후세의 사람들에게 준 우치무라의 유언이라고 해도 좋을 것이다.

당시 일본에서 성서 연구를 위해 모인 가장 커다란 집회는 그의 사후 유언대로 해산되고 잡지는 폐간되었다. 그는 자신의 후계자를 지정하지 않고 신에게 받았던 모든 것을 신에게 돌리고 세상을 떠났다. 우치무라는 이렇게 후계자 문제에 마침표를 찍었다. 후계자 문제 자체가 일어나지 않는 형식으로 이 문제를 마무리했던 것이다.

그렇다면 그의 무교회주의에서 핵심 주장은 무엇인가.


## 2. 무교회주의 신학


결론부터 이야기하자면 무교회주의의 핵심은, 일상의 삶에서 그리스도와의 결합을 증거하고자 하는 '일상성의 신앙'이 신앙생활의 본질이라는 것이다. 이것은 우치무라의 기독교 이해에서 나온 자연스러운 결론이었다.

우치무라는 기독교 신앙을 신과의 살아 있는 교제로 보았다. 이것을 얻으려면 그리스도와의 개인적 관계, 즉 '나와 너'의 관계가 성립되어야 하는데, 이때 '나'라는 신앙

자의 존재는 '너'라는 신의 존재 안에 완전히 포함되어야 한다. 신앙은 자기를 신에게 맡기는 것으로서 절대적이어야 하기 때문이다. 신앙은 신 자신의 생명에 참여하여 그가 내 정신과 인격을 형성하게 하는 활동 원리였다. 따라서 신앙은 우치무라에게 생활과 분리되어 생각될 수 없었다.[61] 중요한 것은 일상생활에서 산 신앙으로 증명되는 그리스도와의 결합이었다.

주목할 부분은 그리스도와의 결합을 증거해야 할 장(場)이 교회가 아니라 나날의 평범한 일상이라고 본 점이다. 그가 기성 교회를 거부한 이유는 교회의 부패성에도 있으나, 더 본질적 이유는 기독교 신앙에서 교회는 비본질적이라고 생각했기 때문이다.[62] 기성 교회의 오류는 그리스도와 생활 속에서의 결합이라는 본질을 버리고, 그것을 하나의 기관과 그에 딸린 조직, 교의, 예배 형식으로 대체한 것이었다.

그는 기독교인의 생활 그 자체를 부단한 예배 행위로 보았고, 모든 활동이 그리스도에 바치는 봉헌이라고 생각했다. 따라서 예배행위와 일상생활의 구분은 없다. 기독교

61    カルロ · カルタロラ, 앞의 책, 101.
62    宮田光雄, 앞의 책, 50.

인은 전 생활을 통해 그리스도의 증인이 되어야 하기 때문이다. 이러한 '일상성의 신앙'에서 주의할 것은, 우치무라가 인간의 삶의 영역에서 특별히 사회적·정치적 영역을 신앙적 책임의 영역으로 적극 받아들였다는 점이다. 기독교 신앙을 인간 삶의 전 영역에 관철시키려면 인간의 삶에서 특별히 종교적인 영역과 비종교적인 영역 혹은 개인적 영역과 공적 영역을 구별한 뒤 전자만이 신앙적 응답이 요구되는 영역이라고 볼 수는 없었다. 왜냐하면 모든 일상성이 바로 종교적 영역이고 바로 그 안에서 신앙적 실천이 이루어져야 했기 때문이다. 따라서 그는 정치적·사회적인 공적 영역에서 예언자적 비판과 대안을 제시하는 것은 양보할 수 없는 기독교 신앙적 실천이라고 보았다. 불경사건에서 보았듯 자기를 절대화하는 천황제 국가 권력의 우상성에 저항한 것이나, 러일전쟁기의 비전론 주장 등은 이러한 신앙 실천 행위와 다르지 않았다.

그렇다면 우치무라는 기성 교회를 부정했을까. 그는 에클레시아(ecclesia)와 교회(church)를 구분한다. 어원적으로 보면 에클레시아는 보통 사람들의 모임이다. 이에 반해 교회는 성직자, 예전, 신조, 그리고 어떠한 식으로든지 교회조직에 속해야 구원을 얻을 수 있다는 배타적 요구를 가지고 자기의 역사적 연속성을 보증하려고 하는 종교시설이다. 우치무라에 의하면 그것은 결코 그리스도의 교회, 즉 신약성서에서 말하는 에클레시아가 아니다. 그것을 대신할 진정한 교회를 우치무라는 만들고자 했다. 그렇다면 이 진정한 교회의 고유성은 무엇인가. 그것은 2인 혹은 3인이 그리스도의 이름 아래 모이고 그 한가운데에 그리스도가 계시는 영적 단체이다.[63] 그리고 그것은 그리스도와 살아 있는 친교를 통해 생활에서 그리스도와 결합된 사람들을 그리스도께서 불러 모은 모임이다. 그리스도와 직접 연결되고 그리스도와 생활에서 결합된 사람들의 자발적 연대를 우치무라는 에클레시아로 본 것이다. 이렇게 그 수장을 그리스도로 둔 에클레시아는, 구성원 각자의 자유와 독립 그리고 평등에 대한 신뢰에 근거를 둔 정신적 공동체였다. 따라서 에클레시아는 조직화나 제도화가 불가능한 단체다. 여기에서 우치무라는 마태복음 16장 18절의 예수의 말씀을 '내 에클레시아를 가정으로 만든다'라고 번역하고, 다음과 같이 주석하였다. "규칙에 의하지 않고, 법률에 의하지 않고 …… 사랑의 신앙을 기초로 해서 가정에 유사한

63  內村鑑三, 〈信仰のすすめ〉, 全集 9, 161.

신앙인의 형제적 단체를 만들려고 한다."[64]

이러한 맥락에서 그는 평신도와 성직자를 구별하는 교회의 계급주의에 반대했다. 기독교인은 중개자 없이 그리스도와 직접 살아 있는 관계를 사는 사람이라 생각했기 때문이다. 신 자신의 생명에 참여하는 신앙을 고정된 제도나 형식에 가두려 하고, 일정한 교파적 신조와 관행이 구원을 독점한다고 주장하는 교파주의나 그에 부수되는 종교적 배타주의와 불관용주의에도 그는 반대했다.

우치무라는 세례, 성만찬 등의 성례전에 대해서도 특별한 태도를 가진다. 세례는 사람의 죄를 정화시키는 마술적 의식도 아니고 교회에 들어가는 입문 의식도 아니라고 보았다. 그것은 그리스도 안에서 완전히 죽고 다시 태어나는 의미로, 완전한 그리스도인의 생활의 상징이라고 보았다. 이러한 의미에서 그는 세례를 신앙의 중요한 상징으로서 인정하고 원하는 사람에게는 시행했다. 그러나 그것을 구원에 불가결한 요소라고 주장하는 성례전주의에 대해서는 "의식은 사람의 영혼을 구원할 힘이 없다"라며 단호히 반대했다.[65]

64   양현혜, 《윤치호와 김교신》, 한울, 1996, 130.
65   カルロ·カルタロラ, 앞의 책, 112-114.

우치무라의 이러한 태도는 성만찬도 마찬가지였다. 성만찬은 단지 유대교의 유월절을 대신해 그리스도의 수난을 기념하는 절기만이 아니었다. 그것은 주의 몸과 피로 되는 성스러운 만찬이기도 했다. 기독교인들은 날마다 영적 생활을 기르기 위해 예수 그리스도의 생명을 받지 않으면 안 된다. 이것은 다름 아니라 신앙을 가지고 성서를 읽고 하나님의 말씀을 듣는 것이다. 성만찬은 기독교인들이 예수 그리스도를 표면적으로 믿는 것이 아니라, 그리스도가 자신의 살과 피가 될 정도로 진실로 믿어야 함을 말하는 상징이다. 나아가 이 그리스도에 대한 신앙으로 기독교인들이 함께 한 형제자매 됨을 상징한다. 그것이 상징인 이상, 그 정신을 이해하고 그것을 생활에서 실현하는 것으로 이미 충분하다. 때문에 성만찬을 교회의 외적 표현이라고 본다면, 그것은 제도주의화되고 나아가 개인의 신앙적 결단에서 완전히 분리되어 오해를 받는다. 성만찬은 쉽게 율법이 되고 구원의 조건으로 변질되는 것이다.[66]

이렇게 볼 때, 결국 우치무라가 비판하는 것은 성례전 자체가 아니라 그것을 신앙의 본질적 요소이자 구원에 불

---

66  宮田光雄, 앞의 책, 81-82.

가결한 요소로 보는 율법주의와 형식주의적 성례전주의였다. 그에게 사실 성례전 문제는 거의 의미가 없었다. 오직 그리스도의 생명에 참여하여 일상에서 산 신앙을 증명하도록 집중하는 것이 최대의 관심사였다. 따라서 우치무라는 이렇게도 말할 수 있었다. "나에게 교회 없고 그러나 그리스도 있고, 따라서 그리스도가 있기 때문에 나에게도 역시 교회가 있고, 그리스도는 나의 교회가 된다."[67] 그에게는 '교회 바깥에 구원 없다'는 원칙은 타당하지 않았다. 그러나 그는 늘 '그리스도 바깥에 구원 없다'라는 신앙적 현실에 머물러 있었다.

결론적으로 우치무라의 교회관은 이렇게 요약될 수 있다. 그는 구원을 관리하는 기관으로서 교회는 철저히 거부했다. 반면 '일상성의 신앙'을 통해 그리스도와의 결합을 증거하려는 사람들의 사랑과 자유의 친교로서 교회는 환영했다.

그렇다면 이러한 '일상성의 신앙'의 정신적 중심과 동력은 어디서 구한 것일까. 그것은 성서 연구였다. 우치무라가 그 집회를 '성서연구회'라고 이름 붙인 것은 극히 시사

---

67    內村鑑三, 〈私が敎會〉, 全集 15, 383.

적이다. 그것은 그의 집회가 다른 형태의 교회가 될 것을 우려함도 있지만, 보다 근본적인 이유는 그것이 원시 기독교의 신앙적 현실로 되돌아가 그리스도와 살아 있는 만남을 가지는 유일한 방법이라고 간주되었기 때문이다.[68]

우치무라는 성서를 통해 신의 뜻을 이해하고 신과 대화하는 일대일의 관계에 들어갈 수 있다고 보았다. 따라서 그는 신의 살아 있는 말씀으로서의 성서의 권위를 대단히 중시했다. 그럼에도 그가 성서를 읽는 자세는 근본주의나 편협한 성서주의자와는 기본적으로 다르다. 그는 "사실과 진리를 혼동하는 자가 세상에 많은 것은 슬픈 일이다. 우리들은 이 두 개를 엄밀하게 구분해서 처음부터 성서해석에서 오류가 없게 하고, 또 신앙생활에서 실수가 없도록 해야 한다"라고 보고 성서를 사실을 보도하는 역사서나 과학서로 보는 것을 경계했다.[69]

우치무라는 성서연구에 학문적 연구 성과를 적용하는 데 주저하지 않았다. 성서를 이해하려면 본문과 독자의 진지한 대화가 이루어져야 한다. 이 대화가 읽는 쪽의 편견이나 자기 생각을 주입하는 일방적 독백으로 끝나지 않

68　宮田光雄, 앞의 책, 61.
69　內村鑑三, 〈ペンテコステの出來事〉, 全集 25, 354.

으려면 성서 본문의 시공간과 독자의 시공간의 괴리를 최소한으로 줄이려는 노력이 필수적이다. 우치무라는 이 노력의 한 부분으로서 학문적 성과를 수용할 필요가 있다고 본 것이다.

이러한 성서비평적 태도는 궁극적으로 그리스도의 십자가에 대한 그의 확신에 근거한다. "신앙이 신앙으로서 그 권위를 갖는 동안은 성서의 비평, 해부에 의해서 그 기초가 동요할 리 없다"는 것이다.[70] 그는 오히려 신은 살아 있는 신앙이 되지 못한 종교를 동요시키고 파괴하기를 원한다고 보았다. 사실 성서의 경전성은 그 무오류성이 아니라 살아 있는 신을 증거하는 성서의 증언 능력에 있는 것이었다.

한편 우치무라의 성서 독해는 이러한 학문적 개방성과 더불어 주체성을 요구한다. 성서를 통해 무교회인들은 신 앞에 서서 일상의 지침을 얻으며 그것을 실천할 힘을 얻는다. 따라서 성서의 진리에 자신의 삶 전체를 투여할 주체적 결단이 요구된다. 그러한 의미에서 성서는 '이해하는 책'이 아니라 '사는 책'이다. 이러한 우치무라의 성서 독해법에서 '주체성과 객관성의 분리될 수 없는 통일성'을 발견한다.

70　內村鑑三, 〈神學瑣談〉, 全集 15, 164.

마지막으로 우치무라가 무교회와 기성교회의 관계를 어떻게 생각했는지 살펴보자. 우치무라는 전통 교회를 파괴하려고 하지 않았다. 그는 기존 교회의 자유와 평화를 방해해서는 안 되며, 무교회주의를 교회 안에서 주장해서도 안 된다고 충고했다. 무교회 운동은 기존 교회와 정면에서 경쟁하고 대립하려는 안티테제가 아니기 때문이다. 오히려 무교회는 인간의 구원이 인간적인 것에 의거하지 않고, 오직 그리스도 신앙에 의한다는 신앙적 귀결로 생겨난 것이었다. 그런데 무교회가 기성 교회와 예전을 부정하면서, 부정 그 자체를 고정적인 형식으로 절대화하고, 자기 자신을 순수한 교회로서 정당화한다면 교회주의의 정통성 주장의 오류에 스스로 빠지는 것이다. 따라서 신에게만 의지하고 인간적인 모든 것에서 독립하는 신앙이야말로 1차적이었고 무교회주의는 2차, 3차였다. 그는 "교회는 부패해도 …… 나는 그 안에 머무르고 계시는 성령 때문에 교회를 존경하지 않을 수 없다"라고 하면서, 교회를 성령이 머무는 곳으로 인정한 것이다.[71]

우치무라 사후, 무교회와 기성 교회의 관계를 특히 고

---

71　宮田光雄, 앞의 책, 58.

민한 사람은 제3세대의 대표적 리더 중 하나인 세키네(關根正雄)였다. 그는 무교회의 과제로 세 가지를 들고 있다. 첫째, 무교회가 살아 있는 개인들의 진정한 연대의 공동체가 되려면, 끝없는 자기 부정을 통한 자기 건설 작업이 필요하다. 또한 무교회는 선생-제자 관계의 조직화를 피하려 노력해야 한다. 이 관계는 신앙을 매개로 한 개인들의 자발적인 모임에 한해서만 유용해야 한다. 왜냐하면 개인이 늘 자유롭게, 자발적으로 직접적으로 그리스도에게 참여하려면 가장 단순한 형식에 머물러야 하기 때문이다. 세키네는 교회가 그 세속적 구조를 파괴하면 할수록 진정한 교회에 가까워진다고 보았다. 그리고 교회가 자기 부정을 하면 할수록 자기를 교회로서 긍정해 갈 수 있다는 이 역설적인 변증법은 무교회에도 적용되어야 하는 것으로 보았다.[72] 무교회를 하나의 역사적 실체로 정당화할 수는 있어도 자기 비평을 게을리 할 수는 없다. 왜냐하면 자기 정당화가 자기만족이 된다면 무교회는 조직적 교회의 오류를 계승하기 때문이다. 따라서 끊임없는 자기비판이 성실하게 요구된다.

둘째, 세키네는 무교회 운동은 조직에서 해방되고, 그

---

72  カルロ · カルタロラ, 앞의 책, 94.

럼으로써 사회에 문을 열고 이 세상의 짐을 스스로 짊어지려는 교회, 즉 '세상을 위한 교회'가 되어야 한다고 주장한다. 무교회인들은 사랑의 봉사를 통해 세상을 극복하려 이 세상에 파견되는 자들로서, 각자가 처한 자리에서 그리스도의 증인이 되고 에클레시아를 건설해야 한다는 것이다. 또한 무교회는 자신과 동일하게 '세상을 위한 교회'를 지향하는 기성 교회들의 모든 움직임과 연대할 때 교회로서의 존재 이유를 다할 수 있다고 보았다. 그리고 이러한 '전투적 교회'야말로 늘 무교회 운동의 본질적인 표식이어야 한다.

셋째, 세키네는 기성 교회와 그 신학과 끊임없이 접촉함으로써 교회와 나누는 생산적 대화와 연대를 무교회의 제3의 과제로 들고 있다. 경험하지도 않은 것을 추상적으로 거부하는 것은 무의미하고 율법주의적이다. 무교회가 교회의 제반 형식을 알고 그 형식화를 알아차리고 부정할 때 무교회와 교회는 상호 생산적인 관계를 가지게 된다는 것이다. 세키네는 이러한 세 과제를 염두에 둔 끊임없는 자기 부정을 통해 무교회는 보이지 않는 정신적 교회라는 목표로 전진할 수 있다고 한다.[73]

---

73  カルロ・カルタロラ, 앞의 책, 95.

## 3. 구체적 운영 방식과 현황

이제 무교회 운동의 구체적 모습을 살펴보자. 무교회 집회는 안수받은 목사를 두지 않는다. 그 집회는 '만인사제주의'에 의거하여 완전히 평신도가 지도한다. 리더는 많은 경우 세속 직업이 있다. 그들은 매주일 혹은 그 이외의 자유 시간을 복음전도에 쓰고, 소수의 예외를 제외하면 선교 활동에 전문으로 종사하지 않는다. 그들은 매 일요일마다 행하는 성서 강해와 또 월간 전도 잡지를 통해서 집회를 지도한다. 이렇게 해서 사람들이 인격적이고도 신앙적인 결단에 이르게 하고 사회에서 신앙에 입각한 책임 있는 태도를 결정하도록 돕는 것이다. 집회 장소는 많은 경우 집회 장을 임대하거나 개인 집, 대학 혹은 공장 등이다. 집회에는 우치무라의 집회를 모델로 하여 관행화된 일정한 형식이 있다. 그러나 거기에 기독교인이라면 필수적으로 속해야 한다고 규정된 제도는 없다. 역으로 무교회 집회에 참가하는 것이 참기독교인임을 의미하지도 않는다. 우치무라와 그의 후계자들은 이러한 집회를 통해 교회도 조직도 예전도 없이, 신앙생활과 교제를 지속해 갔다.

또한 무교회 운동의 리더는 우치무라의 모범에 따라,

후계자를 지명하지 않고 자신의 집회를 해산하고 잡지를 폐간한 뒤 세상을 떠난다. 리더가 떠난 그룹의 남은 멤버들은 이제 둘 혹은 세 사람이 하나님의 부르심에 의거해 그들 자신의 집회를 새롭게 시작하거나 다른 집회를 찾아가게 된다. 새롭게 시작되는 집회는 결코 이전 집회의 연속이어서는 안 되는 것이다.[74] 종교사회학적으로 보면 이러한 무교회 집회는 조직으로서의 교회를 유지하려는 노력을 최소로 하는 가볍고 단순한 소규모 조직 양식이라 하겠다.

무교회는 전국 사무국이 없으며, 고유의 건물, 재산 내지 기금을 모으지 않는다. 그들 간의 공통적 유대라고 한다면, 우치무라가 사망한 날에 1년에 한 번 열리는 '무교회 전국 집회'이다. 그러나 그것은 결코 대의원이 있는 의회도 아니고, 공적 성격도 아니다. 무교회는 당연히 아무런 통계도 없다. 그러나 무교회 운동의 회원은 10만 명 정도로, 일본 개신교인 전체의 5분의 1이라고 추정된다.[75]

현재 5, 6세대에 이른 무교회인들은 우치무라의 '일상성 신앙'을 충실히 계승하고 있다. 특히 사회, 정치, 국제 관계라는 공적 영역에서도 예언과 복음의 공속성에 입각한

74  양현혜, 《우치무라 간조, 신 뒤에 숨지 않은 기독교인》, 343.
75  宮田光雄, 앞의 책, 64.

'예언자적 애국'을 계승하고자 한다. 무교회 제2세대에서 그의 '예언자적 애국'을 적극적으로 계승한 사람은 야나이하라(矢內原忠雄)와 난바라(南原繁) 등이었다. 그들은 일본의 파시즘에 적극 저항하고, 패전 후 동경대학교 총장이 되어 일본의 전후 민주주의 개혁에 크게 공헌했다. 현재 무교회 5, 6세대에서도 이 전통은 충실히 지켜진다. 이들은 우치무라의 비전평화주의 관점에서 인간의 존엄, 인권의 존엄, 특히 '평화 헌법 9조'에서 전쟁의 완전 방기(放棄)를 강조하고 있는 일본국 헌법을 지지한다. 무교회인들은 "일본 국민은 정의와 질서를 강조하는 국제 평화를 성실히 희구하고 국권이 발동하는 전쟁과 무력에 의한 위협 또는 무력의 사용은 국제 분쟁을 해결하는 수단으로서는 영구히 방기한다. 전 항의 목적을 달성하기 위해 육공군 외의 전력은 보유하지 않는다. 국가의 교전권은 인정하지 않는다"라는 내용의 '평화 헌법 9조'를, 신이 일본에 내린 특별한 축복으로 받아들이고 이에 대한 어떠한 개정 움직임에도 반대하고 있다. 또한 근대 일본의 침략 전쟁에서 사망한 군인들의 죽음을 '위업'으로 찬양하고 그들을 국가의 신으로 제사 지내려는 '야스쿠니법안'에 대해서도 단호히 반대하고 있다. 그들은 일본인이 자국에 대해서 책임질 뿐 아니라 동시에 국제 사회에서 존경받길 원한다면 일본이 타국의 여러 권리를 승인하는 보편적 정치 도덕을 배워야 한다고 여긴다.[76]

'평화 헌법 9조'를 폐지하여 일본이 전쟁을 할 수 있는 '정상 국가'가 되어야 한다는 우경화가 일본에서 날로 심화되고 있다. 한편 한·중·일을 둘러싼 동아시아가 '신냉전 체제'로 개편되어 간다는 우려도 확산되고 있다. 이러한 때 '평화 헌법 9조' 개정과, '야스쿠니 법안' 통과에 저항하는 무교회인들의 신앙적 실천은 '참다운 기독교는 평화를 이루는 소식'이 되어야 한다는 우치무라의 비전주의를 계승하는 귀중한 신앙적 증언이라고 하겠다.

## 4. 결론을 대신하여

오늘날 한국 개신교뿐 아니라 전 세계 기독교는 과거 어느 때보다 큰 위기를 맞고 있다. 그 근본 원인은 과학이 하나의 '종교'가 되었기 때문일 것이고 기독교인들의 신앙 실천이 세계를 변혁시킬 역사 형성력의 동력을 잃었기 때문일 것이다. 이러한 때 세계 교회의 진보는 사회적 실천과

---

76  カルロ · カルタロラ, 앞의 책, 287-290.

교회 자체의 구조 전환이라는 두 가지 문제와 불가분의 관계에 있다[77]. 이 두 문제에 대해 우치무라의 무교회주의는 적지 않은 통찰력을 제공한다.

첫째, 그의 '일상성의 신앙'은 기독교의 사회 변혁력을 활성화시키는 대안이 될 수 있다. 기독교인의 복음에 의한 자유와 해방은 인간 동료에 대한 책임과 연결된다. 루터의 유명한 《기독교인의 자유》 2명제에 따르면, 기독교인은 '모든 것에 대한 자유로운 주인으로서 누구에게도 종속되지 않는다.' 그러나 동시에 또한 기독교인은 '모두에게 봉사하는 종으로서 모든 사람에게 종속된다'는 것이었다.[78] '개신교적 인간'에게 자유와 책임은 동전의 양면 같은 상즉(相卽)관계다. 따라서 '개신교적 인간'에게 중요한 것은 개인 윤리만이 아니다. 인간 동료에 대한 책임과 연관된 모든 사회 정치적·공적 영역에서 '사랑의 봉사'를 실천하는 기독교 사회 윤리가 특히 중요하다.

그렇다면 사회 윤리를 실천할 주체는 누구인가. 그것은 다름 아닌 '평신도'이다. '평신도'는 사회와 교회 사이에

**77**  宮田光雄, 앞의 책, 101-105.

**78**  마르틴 루터, 〈독일 크리스챤 귀족에게 보내는 글〉, 《마르틴 루터의 종교 개혁 3대 논문》, 지원용 옮김(컨콜디아사, 2000) 참조.

서 진실한 대화와 실천을 만들어 내며 자기 신앙을 증거하는 경계선에 서 있다. 평신도의 주요한 과제는 교회가 내부자의 경건에 탐닉하지 않고 신앙적＝사회적 집단으로 머무르도록 깨어 있게 하는 것이다. 이들을 통해 교회는 일요일 예배 밖에서도 존재할 수 있고 또한 교회의 현실성을 담보할 수 있다. 따라서 '평신도'를 이 특수한 위치에서 끌어내어 교회에 충실한 협력자＝동역자로 길들이는 것은 치명적이다. 이것은 교회의 게토화에 이르는 길이다. 개신교교회에서 '평신도'보다 중심적 지위는 없다. 교회의 역할은 '평신도'를 사회에서 사랑의 봉사, 즉 '사도적 선교' 사명을 감당하는 자립적 주체로 얼마나 성장시키는가로 검증받아야 한다. 이를 통해 개신교회는 '에클레시아'의 형태와 동시에 사회 속에서 '평신도'를 통해 활성화되는 기독교적 세포를 통해 형성되는 '디아스포라'로서도 존재할 수 있다.[79] 이러한 점에서 우치무라의 '일상성의 신앙'과 특별히 예언과 복음의 공속성에 근거한 '예언자적 애국' 사상은 평신도 종교로서 개신교의 '만인사제주의'를 적극 현실화한 형태일 뿐 아니라, 기독교적 사회 변혁력의 주체 형성을 적극적

**79** 宮田光雄, 앞의 책, 90.

으로 가능하게 하는 모델이 된다.

우치무라의 교회론에도 중요한 시사점이 있다. '일상성의 신앙'을 지향하는 신도들의 자유로운 사랑의 교제로서 그들의 집회는 조직으로서의 교회를 유지하려는 부담을 최소화한 단순하고 가벼운 소규모 조직 형태의 하나이다. 또한 그들은 지상의 모든 교회가 현실태가 아니라 잠재태에 불과하듯 자신들의 집회 역시 하나의 잠재태에 불과하다고 본다. 지상의 모든 교회는 그리스도를 머리로 하는 '천상의 교회'를 지향하는 길 위의 조직으로 존재하고, 따라서 교회는 끝없는 비판적 자기 쇄신에 숙명적으로 열려 있어야 한다고 본다. 이러한 교회론은 오늘날 교회를 고정된 불멸의 신성한 '실체'로 보는 '비개신교적' 개신교가 넘쳐나는 한국 교계가 귀담아들어야 한다. 우치무라는 "결정(結晶)하는 교회를 파괴함으로써 참된 교회를 건설하며 전진하자"라고 하며 교회의 끝없는 자기 쇄신을 촉구했기 때문이다.[80]

80  內村鑑三, 〈無敎會主義の前進〉, 全集 14, 489.

# 전도의 정신

The Spirit of Evangelism

지은이 우치무라 간조
옮긴이 양현혜
펴낸곳 주식회사 홍성사
펴낸이 정애주
국효숙 김의연 박혜란 손상범
송민규 오민택 임영주 차길환

2024. 1. 22. 초판 1쇄 인쇄   2024. 2. 5. 초판 1쇄 발행

등록번호 제1-499호 1977. 8. 1.
주소 (04084) 서울시 마포구 양화진4길 3   전화 02) 333-5161   팩스 02) 333-5165
홈페이지 hongsungsa.com   이메일 hsbooks@hongsungsa.com
페이스북 facebook.com/hongsungsa
양화진책방 02) 333-5161

ISBN 978-89-365-0392-5 (03230)